DR. OETKER

DIE BESTEN

LANDFRAUEN REZEPTE

TASSENSALAT, WESTERNAUFLAUF,
ANGLERTOPF, BLITZGULASCH

DR. OETKER

DIE BESTEN LANDFRAUEN REZEPTE

TASSENSALAT, WESTERNAUFLAUF,
ANGLERTOPF, BLITZGULASCH

CERES

Vorwort

Jeder kennt sie, die Landfrauen-Broschüren und -Bücher, die von Vereinen und Clubs herausgegeben werden. Die Rezepte sind die Geheimtipps Deutschlands, Rezepte von Hausfrauen, die gerne und gut kochen. Die abwechslungsreichen Suppen, Aufläufe, Spieße, Salate, Fleisch- und Fischgerichte und natürlich Desserts werden gerne gekocht und hoch gelobt, aber nur selten dokumentiert.

Ob schnelle und einfache, aber dabei doch raffinierte Gerichte für jeden Tag oder gut vorzubereitende Leckereien für die Bewirtung von Gästen, wir haben die Rezepte für Sie gesammelt, ausprobiert und so beschrieben, dass sie garantiert gelingen.

Abkürzungen

EL	= Esslöffel
TL	= Teelöffel
Msp.	= Messerspitze
Pck.	= Packung/Päckchen
g	= Gramm
kg	= Kilogramm
ml	= Milliliter
l	= Liter
Min.	= Minuten
Std.	= Stunden
evtl.	= eventuell
geh.	= gehäuft
gestr.	= gestrichen
TK	= Tiefkühlprodukt
°C	= Grad Celsius
Ø	= Durchmesser
E	= Eiweiß
F	= Fett
Kh	= Kohlenhydrate
kcal	= Kilokalorien
kJ	= Kilojoule

Hinweise zu den Rezepten

Lesen Sie vor der Zubereitung das Rezept einmal vollständig durch. Oft werden Arbeitsabläufe oder -zusammenhänge dann klarer.

Die in den Rezepten angegebenen Backtemperaturen und -zeiten sind Richtwerte, die je nach individueller Hitzeleistung des Backofens bzw. Material der verwendeten Formen über- oder unterschritten werden können.

Beachten Sie bei Gasherden die Gebrauchsanweisung des Herstellers.

Zubereitungszeiten

Die Zubereitungszeit ist ein Anhaltswert für die Zeit für Vorbereitung und die eigentliche Zubereitung. Längere Wartezeiten wie z.B. Kühl- und Marinierzeiten sind nicht einbe zogen.

Kapitelübersicht

Kapitelübersicht

Alles aus einem Topf

Diese leckeren Suppen und Eintöpfe löffelt jeder gerne aus.

Zucchini-Kartoffel-Suppe

4–6 Portionen
Zubereitungszeit: 35 Min.

Pro Portion:
E: 4 g, F: 10 g, Kh: 10 g,
kJ: 615, kcal: 147

- **600 g Zucchini**
- **200 g fest kochende Kartoffeln**
- **1 mittelgroße Zwiebel**
- **2 EL Speiseöl**
- **Currypulver**
- **Salz, Pfeffer**
- **750 ml (3/4 l) Gemüsebrühe**
- **2 EL Pinienkerne**
- **1 Bund Dill**
- **4–6 TL Crème fraîche**

1 Zucchini waschen, abtrocknen, die Enden abschneiden. Die grüne Schale von einer Zucchini grob abraspeln und beiseite stellen, alle Zucchini in grobe Würfel schneiden. Kartoffeln waschen, schälen, abspülen und in Würfel schneiden. Zwiebel abziehen und würfeln.

2 Öl in einem Topf erhitzen und die Zucchini-, Kartoffel- und Zwiebelwürfel darin andünsten. Dann mit Curry, Salz und Pfeffer bestreuen, mit Brühe auffüllen und 15–20 Minuten kochen lassen.

3 Pinienkerne in einer Pfanne ohne Fett etwas anbräunen und abkühlen lassen. Dill abspülen, trockentupfen und klein schneiden.

4 Die Suppe pürieren, Zucchiniraspel (nach Belieben einige zum Garnieren zurücklassen) und Dill unterrühren und mit den Gewürzen abschmecken.

5 Die Suppe auf Tellern verteilen, je einen Teelöffel Crème fraîche auf jeden Teller geben und die Suppe mit Pinienkernen und den zurückgelassenen Zucchiniraspeln bestreuen.

EINFACH

Paprika-Sauerkraut-Suppe

Foto – 4 Portionen
Zubereitungszeit: 35 Min.

Pro Portion:
E: 10 g, F: 22 g, Kh: 11 g,
kJ: 1283, kcal: 307

- **400 g rote Paprikaschoten (etwa 2 Stück)**
- **200 g Zwiebeln**
- **200 g Sauerkraut**
- **2 EL Speiseöl**
- **1 l heiße Gemüsebrühe**
- **1 gestr. EL Speisestärke**
- **125 ml (1/8 l) Schlagsahne**
- **Salz**
- **1–2 EL Weißwein**

1 Paprikaschoten halbieren, entstielen, entkernen, die weißen Scheidewände entfernen, Schoten waschen und in Streifen schneiden. Zwiebeln abziehen und fein würfeln. Sauerkraut lockerzupfen und fein schneiden.

2 Öl in einem Topf erhitzen und die Zwiebelwürfel so lange darin dünsten, bis sie hellgelb sind. Paprika und Sauerkraut hinzufügen und kurz mit erhitzen. Brühe hinzugießen, alles zum Kochen bringen und etwa 20 Minuten kochen lassen.

3 Speisestärke mit Sahne anrühren, die Suppe damit binden und mit Salz und Weißwein abschmecken.

Broccolicremesuppe

4–6 Portionen
Zubereitungszeit: 40 Min.

Pro Portion:
E: 5 g, F: 20 g, Kh: 11 g,
kJ: 1054, kcal: 252

- **500 g Broccoli**
- **2 Zwiebeln**
- **2 Stangen Staudensellerie**
- **50 g Butter oder Margarine**
- **25 g Weizenmehl**
- **750 ml (3/4 l) Gemüsebrühe**
- **Salz**
- **frisch gemahlener Pfeffer**
- **3 EL gemischte, getrocknete Salatkräuter**
- **125 ml (1/8 l) Schlagsahne**
- **150 g saure Sahne**

1 Broccoli putzen, waschen und in Röschen teilen. Zwiebeln abziehen und würfeln. Staudensellerie putzen, waschen, die harten Außenfäden abziehen und Sellerie in kleine Streifen schneiden.

2 Butter oder Margarine in einem großen Topf zerlassen. Zwiebeln und Staudensellerie darin andünsten. Broccoli hinzufügen und mit andünsten.

3 Mehl darüber stäuben. Brühe unter Rühren hinzugeben. Salz, Pfeffer und Kräuter hinzufügen. Alles zum Kochen bringen und 15–20 Minuten bei schwacher Hitze kochen lassen.

4 Die Suppe pürieren. Sahne unterrühren und die Suppe erhitzen. Die Suppe evtl. nochmals mit Salz und Pfeffer abschmecken. Die Suppe auf Teller verteilen und einen Klecks saure Sahne auf jeden Teller geben.

Forellencremesuppe

Foto – 4 Portionen
Zubereitungszeit: 15 Min.

Pro Portion:
E: 16 g, F: 46 g, Kh: 10 g, kJ: 2308, kcal: 552

- **50 g Butter**
- **25 g Weizenmehl**
- **500 ml (1/2 l) Hühner- oder Gemüsebrühe**
- **300 g geräucherte Forellenfilets**
- **200 ml Schlagsahne**
- **4 EL Weißwein**
- **1 EL Worcestersauce**
- **Salz**
- **frisch gemahlener Pfeffer**
- **Zitronensaft**
- **etwas gehackte Petersilie**

1 Butter in einem Topf zerlassen. Mehl unter Rühren so lange darin erhitzen, bis es hellgelb ist. Brühe hinzugießen und mit einem Schneebesen durchschlagen, dabei darauf achten, dass keine Klümpchen entstehen. Zum Kochen bringen und etwa 3 Minuten kochen lassen.

2 Forellenfilets in kleine Stücke schneiden und in die Suppe geben. Sahne, Weißwein und Worcestersauce hinzufügen. Die Suppe mit Salz, Pfeffer und Zitronensaft abschmecken.

3 Die Suppe einmal aufkochen lassen und mit Petersilie bestreut servieren.

Feine Erbsenrahmsuppe

4 Portionen
Zubereitungszeit: 30 Min.

Pro Portion:
E: 7 g, F: 21 g, Kh: 19 g, kJ: 1278, kcal: 305

- **1 mittelgroße Kartoffel**
- **50 g Butter**
- **450 g TK-Erbsen**
- **Salz**
- **frisch gemahlener Pfeffer**
- **750 ml (3/4 l) Hühner- oder Gemüsebrühe**
- **125 ml (1/8 l) Schlagsahne**

1 Die Kartoffel waschen, schälen, abspülen und in Würfel schneiden. Butter in einem Topf zerlassen. Kartoffelwürfel und Erbsen darin andünsten.

2 Mit Salz und Pfeffer würzen. Brühe hinzufügen, alles zum Kochen bringen und etwa 20 Minuten kochen lassen.

3 Die Suppe pürieren und nach Belieben durch ein Sieb streichen. Sahne unterrühren und die Suppe einmal aufkochen lassen.

4 Die Suppe vor dem Servieren evtl. nochmals mit Salz und Pfeffer abschmecken.

Tipp

Sie können diese einfache Suppe durch verschiedene Einlagen wie z. B. Shrimps, Räucherlachsstreifen oder in Butter gebräunte Toastbrotwürfel schnell variieren.

Hähnchensuppe mit Knoblauchcroûtons

4 Portionen
Zubereitungszeit: 65 Min.

Pro Portion:
E: 39 g, F: 30 g, Kh: 25 g, kJ: 2369, kcal: 566

Für die Suppe:
- **1 Hähnchenbrustfilet (300 g)**
- **2 Hähnchenkeulen (je 150 g)**
- **750 ml (3/4 l) Salzwasser**
- **1 Bund Suppengrün**
- **2 Zwiebeln**
- **2 EL Speiseöl**
- **20 g Weizenmehl**
- **100 ml Weißwein**
- **125 ml (1/8 l) Schlagsahne**
- **1 Bund Kerbel**
- **Salz**
- **frisch gemahlener Pfeffer**
- **geriebene Muskatnuss**
- **1 Prise Zucker**

Für die Knoblauchcroûtons:
- **4 Scheiben Toastbrot**
- **50 g Butter**
- **2 Knoblauchzehen**

1 Für die Suppe Hähnchenbrustfilet und -keulen unter fließendem kalten Wasser abspülen, in Salzwasser zum Kochen bringen und abschäumen.

2 Suppengrün putzen, waschen, klein schneiden, mit in die Brühe geben und alles bei schwacher Hitze kochen lassen. Nach etwa 20 Minuten Kochzeit das Filet herausnehmen und alles noch etwa 15 Minuten weiterkochen.

3 Nach Beendigung der Kochzeit alles durch ein Sieb geben. Dabei die Brühe auffangen und mit Wasser wieder auf 750 ml (3/4 l) auffüllen. Die Keulen etwas abkühlen lassen, dann das Fleisch von den Knochen lösen. Filet und Keulenfleisch in kleine Stücke schneiden.

4 Zwiebeln abziehen und in kleine Würfel schneiden. Öl in einem Topf erhitzen und die Zwiebelwürfel darin andünsten. Mehl hinzufügen und unter Rühren so lange erhitzen, bis es hellgelb ist.

5 Die abgemessene Brühe hinzugeben und alles unter Rühren aufkochen lassen. Weißwein unterrühren und etwa 5 Minuten kochen lassen. Sahne unterrühren und Fleischstücke unterheben.

6 Kerbel abspülen, trockentupfen, die Blättchen von den Stängeln zupfen, grob hacken und hinzufügen. Die Suppe mit Salz, Pfeffer, Muskat und Zucker abschmecken.

7 Für die Knoblauchcroûtons Toastbrot in Würfel schneiden. Butter zerlassen und die Brotwürfel darin anbräunen. Zum Schluss Knoblauch abziehen, durch die Presse drücken und unterrühren. Die Knoblauchcroûtons zu der Suppe servieren.

Geschichteter Pichelsteiner

4–6 Portionen
Zubereitungszeit: 2 Std.

Pro Portion:
E: 33 g, F: 40 g, Kh: 29 g,
kJ: 2689, kcal: 643

- **500 g Wirsing**
- **500 g Möhren**
- **500 g Kartoffeln**
- **1 große Stange Porree (Lauch)**
- **1 Gemüsezwiebel**
- **500 g Gulasch (halb Rind-, halb Schweinefleisch)**
- **Salz**
- **frisch gemahlener Pfeffer**
- **gemahlener Kümmel**
- **2 Lorbeerblätter**
- **1 l Fleisch- oder Gemüsebrühe**
- **60 g Butter**
- **200 g Schmand oder Crème fraîche**

1 Wirsing putzen, vierteln, den Strunk herausschneiden, den Wirsing abspülen, abtropfen lassen und in Streifen schneiden. Möhren putzen, schälen, waschen und in Scheiben schneiden.

2 Kartoffeln waschen, schälen, abspülen, evtl. quer halbieren und in Scheiben schneiden. Porree putzen, längs halbieren, gründlich waschen und in Streifen schneiden. Gemüsezwiebel abziehen, halbieren und in feine Streifen schneiden.

3 Das Gulasch evtl. kalt abspülen, trockentupfen und die Fleischstücke halbieren. Alle vorbereiteten Zutaten nacheinander in einen großen Bräter oder eine feuerfeste Form schichten. Zuerst die Hälfte des Wirsings, dann die Hälfte des restlichen Gemüses einschichten, dann das gesamte Fleisch hinzufügen, zum Schluss das restliche Gemüse einschichten. Die oberste Schicht sollte aus Wirsing bestehen. Dabei die Schichten kräftig mit Salz, Pfeffer und Kümmel bestreuen. Lorbeerblätter mit einschichten.

4 Alles mit Brühe übergießen und die Butter in Flöckchen darauf verteilen. Den Bräter bzw. die Form mit dem Deckel verschließen und auf dem Rost in den Backofen schieben.

Ober-/Unterhitze:
etwa 180 °C (vorgeheizt)
Heißluft: etwa 160 °C
(nicht vorgeheizt)
Gas: etwa Stufe 3 (nicht vorgeheizt)
Garzeit: etwa 1½ Std.

5 Den Pichelsteiner auf Tellern anrichten und mit einem Klecks Schmand oder Crème fraîche verzieren.

Tipp

Der Pichelsteiner lässt sich gut vorbereiten.
Reste können ohne Probleme eingefroren werden.

Eintopf von Kraut und Rüben

Foto – 6 Portionen
Zubereitungszeit: 60 Min.

Pro Portion:
E: 6 g, F: 15 g, Kh: 18 g,
kJ: 983, kcal: 234

- **je ½ kleiner Kopf Weißkohl und Wirsing**
- **300 g Steckrüben**
- **300 g Kartoffeln**
- **1 Gemüsezwiebel**
- **1 kleine Stange Porree (Lauch)**
- **1 Bund glatte Petersilie**
- **6 EL Speiseöl**
- **1,5 l Gemüsebrühe**
- **Salz**
- **frisch gemahlener Pfeffer**
- **geriebene Muskatnuss**

1 Weißkohl und Wirsing putzen, die Strünke herausschneiden, den Kohl abspülen, abtropfen lassen und ohne Blattrippen in feine Streifen schneiden.

2 Steckrüben schälen, waschen, abtropfen lassen und in Würfel schneiden. Kartoffeln waschen, schälen, abspülen, abtropfen lassen und würfeln. Zwiebel abziehen, würfeln.

3 Porree putzen, waschen und in feine Streifen schneiden. Petersilie abspülen und grob hacken.

4 Öl in einem großen Topf erhitzen, die vorbereiteten Zutaten darin andünsten, mit der Brühe auffüllen und etwa 35 Minuten kochen lassen.

5 Den Eintopf mit Salz, Pfeffer und Muskatnuss abschmecken.

Teufelssuppe

4 Portionen
Zubereitungszeit: 60 Min.

Pro Portion:
E: 20 g, F: 25 g, Kh: 15 g,
kJ: 1719, kcal: 411

- **250 g Gulasch (halb Rind-, halb Schweinefleisch)**
- **1 Gemüsezwiebel**
- **2 Möhren**
- **2 Kartoffeln**
- **1 grüne Paprikaschote**
- **4 EL Speiseöl**
- **2 EL Tomatenmark**
- **750 ml (¾ l) Fleischbrühe**
- **1 Knoblauchzehe**
- **Salz, Sambal Oelek**
- **Paprikapulver rosenscharf**
- **evtl. 40 ml Weinbrand**

1 Gulasch evtl. unter fließendem kalten Wasser abspülen und trockentupfen. Die Fleischstücke in kleine Würfel schneiden.

2 Gemüsezwiebel abziehen. Möhren putzen, schälen und waschen. Kartoffeln waschen, schälen und abspülen. Paprikaschote halbieren, entstielen, entkernen, die weißen Scheidewände entfernen und die Schote waschen. Die 4 Zutaten in kleine Würfel schneiden.

3 Öl in einem Topf erhitzen und die Zwiebel- und Fleischwürfel darin anbraten. Möhren-, Kartoffel- und Paprikawürfel hinzufügen und andünsten. Tomatenmark unterrühren. Brühe angießen und alles etwa 20 Minuten kochen lassen.

4 Knoblauch abziehen und zerdrücken. Die Suppe mit Salz, Sambal Oelek, Paprika und Knoblauch scharf würzen und noch etwa 20 Minuten kochen lassen.

5 Die Teufelssuppe nach Belieben vor dem Servieren mit Weinbrand verfeinern.

Indonesischer Fleischtopf

Foto – 4 Portionen
Zubereitungszeit: 50 Min.

Pro Portion:
E: 28 g, F: 38 g, Kh: 11 g,
kJ: 2210, kcal: 528

- **4 Rinderrouladen (je 100 g)**
- **2 rote Paprikaschoten**
- **2 grüne Paprikaschoten**
- **4–5 Zwiebeln**
- **4 Tomaten**
- **3 EL Speiseöl**
- **4 EL Sojasauce**
- **250 ml (1/4 l) Schlagsahne**
- **1 TL Currypulver**
- **Salz**
- **frisch gemahlener Pfeffer**

1 Rouladen in Streifen schneiden. Paprikaschoten halbieren, entstielen, entkernen, die weißen Scheidewände entfernen, Schoten waschen und in Streifen schneiden. Zwiebeln abziehen, halbieren und in Streifen schneiden.

2 Tomaten kurze Zeit in kochendes Wasser legen (nicht kochen lassen), in kaltem Wasser abschrecken, enthäuten, Stängelansätze herausschneiden und Tomaten in Stücke schneiden.

3 Öl in einer Pfanne erhitzen und die Fleischstreifen portionsweise darin anbraten.

4 Die Fleischstreifen in einen Topf geben. Paprika, Zwiebeln, Tomaten, Sojasauce und steif geschlagene Sahne hinzufügen, mit Curry, Salz und Pfeffer würzen und bei schwacher Hitze etwa 20 Minuten schmoren lassen, dabei ab und zu umrühren.

Beilage:
Reis und Salat.

Serbische Bohnensuppe

4–6 Portionen
Zubereitungszeit: 40 Min.

Pro Portion:
E: 66 g, F: 75 g, Kh: 69 g,
kJ: 5355, kcal: 1280

- **250 g durchwachsener, geräucherter Speck**
- **1 kleine Gemüsezwiebel**
- **1 Stange Porree (Lauch)**
- **1 rote Paprikaschote**
- **1 grüne Paprikaschote**
- **3 EL Speiseöl**
- **Salz**
- **frisch gemahlener Pfeffer**
- **Paprikapulver edelsüß**
- **gerebelter Majoran**
- **500 ml (1/2 l) Fleischbrühe**
- **1 Dose pürierte Tomaten (400 g)**
- **400 g Cabanossi oder Mettenden**
- **1 große Dose weiße Bohnen (800 g)**
- **1 EL gehackte Petersilie**

1 Speck in feine Würfel schneiden. Gemüsezwiebel abziehen, halbieren und würfeln. Porree putzen, längs halbieren, gründlich waschen und in Streifen schneiden.

2 Paprikaschoten halbieren, entstielen, entkernen, die weißen Scheidewände entfernen, Schoten waschen und in feine Streifen schneiden.

(Fortsetzung Seite 22)

3 Öl in einem Topf erhitzen und die Speck- und Zwiebelwürfel darin andünsten. Das vorbereitete Gemüse mit andünsten.

4 Mit Salz, Pfeffer, Paprika und Majoran bestreuen. Brühe und Tomaten hinzufügen, alles zum Kochen bringen und zugedeckt etwa 20 Minuten garen.

5 Cabanossi oder Mettenden in Scheiben schneiden, mit den Bohnen (mit der Flüssigkeit) hinzufügen und noch etwa 5 Minuten erhitzen.

6 Die Bohnensuppe evtl. mit den Gewürzen abschmecken und mit Petersilie bestreut servieren.

Beilage:
Fladenbrot.

Anglertopf

Foto – 4 Portionen
Zubereitungszeit: 45 Min.

Pro Portion:
E: 14 g, F: 31 g, Kh: 37 g, kJ: 2084, kcal: 499

- **500 g Kartoffeln**
- **400 g Möhren**
- **4 Stangen Staudensellerie**
- **50 g Butter**
- **Salz**
- **frisch gemahlener Pfeffer**
- **gemahlener Kümmel**
- **Currypulver**
- **500 ml (1/2 l) Fischfond**
- **500 g Fischfilet, z. B. Rotbarsch, Zander, Forelle**
- **250 ml (1/4 l) Schlagsahne**
- **1 Bund Dill**
- **4–5 EL Weißwein**

1 Kartoffeln waschen, schälen, abspülen und in Würfel schneiden. Möhren putzen, schälen, waschen und würfeln. Staudensellerie putzen, waschen, die harten Außenfäden abziehen und Staudensellerie in Scheiben schneiden.

2 Butter in einem Topf zerlassen und das vorbereitete Gemüse darin andünsten. Das Gemüse mit Salz, Pfeffer, Kümmel und Curry bestreuen, den Fischfond hinzufügen, alles zum Kochen bringen und etwa 15 Minuten garen lassen.

3 Fischfilet unter fließendem kalten Wasser abspülen, trockentupfen und in Stücke schneiden. Die Fischstücke mit der Sahne zu dem Gemüse geben und alles bei schwacher Hitze 5–7 Minuten garen.

4 Dill kalt abspülen, trockentupfen, klein schneiden und mit dem Weißwein hinzufügen. Den Anglertopf bei Bedarf nochmals mit den Gewürzen abschmecken.

Schichtmittag

4 Portionen
Zubereitungszeit: 110 Min.

Pro Portion:
E: 28 g, F: 55 g, Kh: 32 g,
kJ: 3128, kcal: 748

- **1 kleiner Kopf Weißkohl (etwa 750 g)**
- **600 g fest kochende Kartoffeln**
- **1 Gemüsezwiebel**
- **4 EL Speiseöl**
- **Salz**
- **frisch gemahlener Pfeffer**
- **evtl. gemahlener Kümmel**
- **500 g Thüringer Mett (fertig gewürztes Schweinegehacktes)**
- **125 ml (1/8 l) Gemüsebrühe**
- **40 g Butter**

1 Weißkohl putzen, vierteln, den Strunk herausschneiden, den Kohl abspülen und in feine Streifen schneiden. Die Weißkohlstreifen in kochendes Wasser geben, zum Kochen bringen und 3–5 Minuten kochen lassen. Sie dann auf ein Sieb geben und abtropfen lassen.

2 Kartoffeln waschen, schälen, abspülen und in Scheiben schneiden. Gemüsezwiebel abziehen und in dünne Scheiben schneiden.

3 Öl in einem Topf erhitzen, die Hälfte des Weißkohls darin andünsten und mit Salz, Pfeffer und nach Belieben mit Kümmel bestreuen. Darauf die Hälfte der Kartoffel- und Zwiebelscheiben geben. Das Mett zerpflücken und darauf verteilen.

4 Die restlichen Kartoffel- und Zwiebelscheiben, zum Schluss den restlichen Weißkohl einschichten und mit den Gewürzen bestreuen. Gemüsebrühe hinzufügen und Butter in Flöckchen darauf legen.

5 Den Topf verschließen und alles bei schwacher Hitze 70–90 Minuten garen.

Tipp

Das Schichtmittag kann auch bei etwa 180 °C (Heissluft: etwa 160 °C, Gas: etwa Stufe 3) etwa 90 Minuten im Backofen gegart werden. Die Zugabe von Kümmel erhöht die Bekömmlichkeit dieses Kohl-Gerichtes.

Fleisch- & Fischspezialitäten

Ob gefüllt oder umhüllt, gebraten oder überbacken, diese Gerichte sind immer eine willkommene Abwechslung.

Pizzabraten

4–6 Portionen
Zubereitungszeit: 90 Min.

Pro Portion:
E: 53 g, F: 39 g, Kh: 15 g, kJ: 2809, kcal: 671

- **800 g Schweinenacken (ohne Knochen)**
- **3 rote Paprikaschoten**
- **2 gestr. EL Tomatenmark**
- **Salz**
- **frisch gemahlener Pfeffer**
- **Paprikapulver edelsüß**
- **4 dünne Scheiben gekochter Schinken**
- **200 g Emmentaler Käse**
- **3 EL Speiseöl**
- **1 Gemüsezwiebel**
- **2 Tomaten**
- **150 ml Tomatenketchup**

1 Das Fleisch unter fließendem kalten Wasser abspülen und trockentupfen. Das Fleischstück von der breiten Seite im oberen Drittel von rechts nach links waagerecht einschneiden, dabei 1 cm am Rand frei lassen (nicht durchschneiden!). Dann auf dieselbe Weise im unteren Drittel von links nach rechts einschneiden. Das Fleisch auseinander klappen, so dass ein langes, flaches Stück entsteht. Das Stück mehrmals diagonal einritzen.

2 Paprikaschoten vierteln, entstielen, entkernen, die weißen Scheidewände entfernen, Schoten waschen, in kochendes Wasser geben und 8–10 Minuten kochen lassen. Die Paprika abtropfen lassen, kalt abspülen und enthäuten.

3 Das Fleischstück dünn mit Tomatenmark bestreichen und mit Salz, Pfeffer und Paprikapulver bestreuen. Es dann erst mit den Schinkenscheiben, dann mit den Paprikastücken belegen. Den Emmentaler in dünne Scheiben schneiden und darauf legen.

(Fortsetzung Seite 28)

4 Das Fleisch wie eine Roulade aufrollen, mit Küchengarn umwickeln und rundherum mit Salz und Pfeffer bestreuen.

5 Öl in einem Bräter erhitzen und den Braten darin rundherum gut anbraten. Gemüsezwiebel abziehen und in große Stücke schneiden. Tomaten waschen, abtrocknen, die Stängelansätze herausschneiden, die Tomaten in Stücke schneiden. Das vorbereitete Gemüse mit andünsten. Dann den Bräter auf dem Rost in den Backofen schieben.

Ober-/Unterhitze:
etwa 180 °C (vorgeheizt)
Heißluft: etwa 160 °C
(nicht vorgeheizt)
Gas: Stufe 2–3 (nicht vorgeheizt)
Garzeit: etwa 70 Min.

6 Nach Beendigung der Garzeit den Braten aus dem Bräter nehmen und etwa 10 Minuten ruhen lassen. Ihn dann in Scheiben schneiden.

7 Ketchup unter den Bratensatz rühren, einmal aufkochen lassen und evtl. mit den Gewürzen abschmecken. Die Sauce zu dem Braten servieren.

Tipp

Sie können den Pizzabraten auch bei schwacher Hitze auf der Kochstelle etwa 1 Stunde garen.

Würzige Schnitzelpfanne

4 Portionen
Zubereitungszeit: 70 Min.

Pro Portion:
E: 31 g, F: 55 g, Kh: 6 g,
kJ: 2819, kcal: 673

- **4 Schweineschnitzel (je 125 g)**
- **2 EL Speiseöl**
- **Salz**
- **frisch gemahlener, weißer Pfeffer**
- **1–2 EL Senf**
- **1–2 EL Tomatenmark**
- **3 Zwiebeln**
- **100 g Schinkenspeck**
- **1 Glas Pusztasalat (Abtropfgewicht 190 g)**
- **1 Glas Champignonscheiben (Abtropfgewicht 240 g)**
- **250 ml (1/4 l) Schlagsahne**

1 Schweineschnitzel unter fließendem kalten Wasser abspülen und trockentupfen. Öl in einer Pfanne erhitzen und die Schnitzel kurz von beiden Seiten darin anbraten. Die Schnitzel mit Salz und Pfeffer würzen, von beiden Seiten dünn mit Senf und Tomatenmark bestreichen und in eine gefettete, flache Auflaufform legen.

2 Zwiebeln abziehen, halbieren und in Scheiben schneiden. Schinkenspeck in Streifen schneiden. Beide Zutaten in dem verbliebenen Fett andünsten und mit in die Auflaufform geben.

3 Pusztasalat und Champignons auf einem Sieb abtropfen lassen, mit der Sahne mischen und über die Schnitzel verteilen. Die Form auf dem Rost in den Backofen schieben.

Ober-/Unterhitze:
etwa 180 °C (vorgeheizt)
Heißluft: etwa 160 °C
(nicht vorgeheizt)
Gas: etwa Stufe 3 (nicht vorgeheizt)
Garzeit: etwa 45 Min.

Beilage:
Reis oder Baguette.

Scheibenbraten

4 Portionen
Zubereitungszeit: 90 Min.

Pro Portion:
E: 13 g, F: 7 g, Kh: 23 g,
kJ: 925, kcal: 221

- **2 Stangen Porree (Lauch)**
- **400 g Kartoffeln**
- **4 Möhren**
- **4 Zwiebeln**
- **4 Scheiben Kasselernacken (je etwa 140 g)**
- **Salz**
- **frisch gemahlener Pfeffer**
- **knapp 500 ml (1/2 l) Fleischbrühe**
- **2 Lorbeerblätter**

1 Porree putzen, längs halbieren, gründlich waschen und in etwa 2 cm dicke Streifen schneiden. Kartoffeln waschen, schälen, abspülen und in Scheiben schneiden. Möhren putzen, schälen, waschen und in nicht zu dünne Scheiben schneiden. Zwiebeln abziehen, halbieren und in Scheiben schneiden.

2 Kasseler unter fließendem kalten Wasser abspülen, trockentupfen und die Scheiben nebeneinander in einen gefetteten Bräter legen. Das Fleisch mit Zwiebeln, Porree, Möhren und Kartoffeln belegen und mit Salz und Pfeffer würzen.

3 Die Brühe angießen und Lorbeerblätter hinzufügen. Den Bräter mit dem Deckel verschließen und auf dem Rost in den Backofen schieben.

Ober-/Unterhitze:
etwa 180 °C (vorgeheizt)
Heißluft: etwa 160 °C
(nicht vorgeheizt)
Gas: etwa Stufe 3 (nicht vorgeheizt)
Garzeit: 50–60 Min.

4 Nach etwa 40–50 Minuten Garzeit den Deckel abnehmen und alles noch 10 Minuten garen.

Tipp

Anstelle von Kasselernacken können Sie auch Schweine-Nackensteaks verwenden. Dann das Fleisch kräfig mit Salz und Pfeffer würzen und evtl. vor dem Einschichten kurz von beiden Seiten anbraten. So schmeckt es noch würziger.

Sie können die Zutaten schon am Vortag zubereiten, in den Bräter schichten und erst am nächsten Tag in den Backofen schieben.

Hähnchenschenkel mit Kartoffeln

Foto – 4 Portionen
Zubereitungszeit: 65 Min.

Pro Portion:
E: 38 g, F: 43 g, Kh: 33 g,
kJ: 2832, kcal: 676

- **4 Hähnchenschenkel**
- **1 Beutel „Fix für knuspriges Brathähnchen", z. B. von Maggi**
- **5 EL Speiseöl**
- **750 g mittelgroße Kartoffeln**
- **1 TL Paprikapulver edelsüß**
- **Salz**
- **frisch gemahlener Pfeffer**

1 Hähnchenschenkel unter fließendem kalten Wasser abspülen, trockentupfen und mit der Schnittfläche nach unten in eine Fettfangschale legen.

2 „Fix für knuspriges Brathähnchen" mit 4 Esslöffeln Öl verrühren und die Hähnchenschenkel damit bestreichen.

3 Kartoffeln waschen, schälen, abspülen und der Länge nach vierteln. In einer Schüssel das restliche Öl mit Paprika, Salz und Pfeffer verrühren, die Kartoffeln hinzugeben und alles gut vermischen.

4 Die Kartoffeln mit in die Fettfangschale geben. Die Fettfangschale in den Backofen schieben.

Ober-/Unterhitze:
etwa 200 °C (vorgeheizt)
Heißluft: etwa 180 °C
(nicht vorgeheizt)
Gas: Stufe 3–4 (nicht vorgeheizt)
Backzeit: etwa 50 Min.

5 Die Kartoffeln während der Backzeit ab und zu wenden.

Beilage:
Gemischter Blattsalat mit Tomaten.

Hähnchenflügel

4 Portionen
Zubereitungszeit: 30 Min.

Pro Portion:
E: 47 g, F: 35 g, Kh: 0 g,
kJ: 2110, kcal: 505

- **1 kg Hähnchenflügel**
- **Salz, Pfeffer**
- **25 g Butterschmalz**

Beilage:
Gemischter Salat, Risotto.

1 Hähnchenflügel unter fließendem kalten Wasser abspülen, trockentupfen und mit Salz und Pfeffer bestreuen.

2 Butterschmalz in einer großen Pfanne erhitzen und die Hähnchenflügel portionsweise darin anbraten. Alle Flügel wieder in die Pfanne geben und bei mittlerer Hitze zugedeckt etwa 20 Minuten schmoren lassen.

Tipp

Sie können anstelle der Hähnchenflügel auch Putenflügel verwenden. Die Garzeit verlängert sich dann um etwa 10 Minuten.

Hackfleisch-Pizza

4 Portionen
Zubereitungszeit: 50 Min.

Pro Portion:
E: 39 g, F: 43 g, Kh: 17 g,
kJ: 2711, kcal: 648

Für den „Fleischteig“:

- **1 Brötchen (Semmel)**
- **1 kleine Dose Gemüsemais (Abtropfgewicht 140 g)**
- **1 kleines Glas ganze Champignons (Abtropfgewicht 115 g)**
- **1 Zwiebel**
- **500 g Gehacktes (halb Rind-, halb Schweinefleisch)**
- **1 Ei**
- **Salz, Pfeffer**
- **Paprikapulver edelsüß**
- **1 Msp. Cayennepfeffer**

Für den Belag:

- **2 EL Zigeunersauce (aus der Flasche)**
- **4 mittelgroße Tomaten**
- **gerebelter Oregano**
- **1 Pck. (125 g) Mozzarella**
- **50 g geraspelter Gratinkäse**
- **frisches Basilikum**

Abwandlung:
Anstelle von Mais und Champignons können auch bunte Paprika oder Frühlingszwiebeln verwendet werden.

1 Für den „Fleischteig“ Brötchen in Wasser einweichen und gut ausdrücken. Mais auf einem Sieb abtropfen lassen. Champignons abtropfen lassen, die Hälfte davon klein schneiden, die restlichen Champignons in Scheiben schneiden und für den Belag beiseite stellen. Zwiebel abziehen und in Würfel schneiden.

2 Gehacktes in eine Schüssel geben. Ei, Brötchen, Champignonstücke, Mais, Zwiebelwürfel, Salz, Pfeffer, Paprika und Cayennepfeffer hinzufügen und alles gut vermischen. Die Masse in ein gefettetes, rundes Pizzablech oder eine Pieform (Ø 30 cm) geben und verteilen.

3 Für den Belag Zigeunersauce auf die Gehacktesmasse streichen. Tomaten waschen, die Stängelansätze entfernen, Tomaten in Scheiben schneiden, darauf verteilen und mit Salz, Pfeffer und Oregano bestreuen. Die zurückgelassenen Champignonscheiben darauf legen.

4 Mozzarella abtropfen lassen, in Scheiben schneiden und ebenfalls darauf verteilen. Gratinkäse in die Zwischenräume streuen. Die Form auf dem Rost in den Backofen schieben.

Ober-/Unterhitze:
etwa 180 °C (vorgeheizt)
Heißluft: etwa 160 °C (vorgeheizt)
Gas: etwa Stufe 3 (vorgeheizt)
Garzeit: etwa 30 Min.

5 Basilikum abspülen, trockentupfen, die Blättchen von den Stängeln zupfen und auf der fertig gebackenen Hackfleisch-Pizza verteilen.

Tipp

Wenn Sie kein Pizzablech oder Pieform haben, können Sie auch eine Springform verwenden. Die Form dann von aussen gut in Alufolie einschlagen, so kann keine Flüssigkeit in den Backofen tropfen.

Ratsherren-Schnitzel

4 Portionen
Zubereitungszeit: 55 Min.

Pro Portion:
E: 39 g, F: 64 g, Kh: 10 g,
kJ: 3419, kcal: 816

- **½ Kopf Wirsing (etwa 400 g)**
- **4 mittelgroße Möhren**
- **Salzwasser**
- **2 mittelgroße Zwiebeln**
- **1 Glas Champignonscheiben (Abtropfgewicht 235 g)**
- **100 g durchwachsener Speck**
- **4 EL Speiseöl**
- **4 Schweineschnitzel (je 140 g)**
- **Salz**
- **frisch gemahlener Pfeffer**
- **Paprikapulver edelsüß**
- **200 ml Schlagsahne**
- **100 g geraspelter Gratinkäse**

1 Wirsing putzen, den Strunk herausschneiden, Wirsing abspülen, abtropfen lassen und in Streifen schneiden. Möhren putzen, schälen, waschen und in Scheiben schneiden. Die Möhrenscheiben in Salzwasser etwa 5 Minuten kochen, auf ein Sieb geben und abtropfen lassen.

2 Zwiebeln abziehen und würfeln. Champignons auf einem Sieb abtropfen lassen. Speck würfeln.

3 Die Hälfte des Öls in einer Pfanne erhitzen und die Speckwürfel darin auslassen. Zwiebeln und Champignons darin andünsten und mit Salz und Pfeffer würzen. Die Zutaten aus der Pfanne nehmen und beiseite stellen.

4 Schnitzel unter fließendem kalten Wasser abspülen und trockentupfen. Das restliche Öl in der Pfanne erhitzen, die Schnitzel darin von beiden Seiten anbraten und mit Salz, Pfeffer und Paprika bestreuen.

5 Wirsing und Möhren in eine gefettete, flache Auflaufform geben, die Schnitzel darauf legen und mit der Champignon-Speck-Masse bedecken. Sahne darüber verteilen und alles mit Gratinkäse bestreuen. Die Form auf dem Rost in den Backofen schieben.

Ober-/Unterhitze:
etwa 180 °C (vorgeheizt)
Heißluft: etwa 160 °C (vorgeheizt)
Gas: etwa Stufe 3 (vorgeheizt)
Garzeit: etwa 30 Min.

Beilage:
Pell- oder Salzkartoffeln.

Abwandlung:
Die Schnitzel können auch mit einer anderen Gemüsemischung belegt werden, wie z. B. mit Curry gewürzten, gedünsteten Zwiebelringen und Apfelspalten. Dann die Sahne mit etwas Cidre oder Apfelschnaps abschmecken. Besonders zart werden die Schnitzel, wenn sie vor dem Braten mit etwas Sojasauce beträufelt werden.

Gefüllte Putenfilets

4 Portionen
Zubereitungszeit: 40 Min.

Pro Portion:
E: 52 g, F: 36 g, Kh: 12 g,
kJ: 2580, kcal: 617

- **2 Putenfilets (je 350 g)**
- **Salz**
- **frisch gemahlener, weißer Pfeffer**
- **Paprikapulver edelsüß**

Für die Füllung:

- **75 g Zucchini**
- **1 Bund Basilikum**
- **150 g Schafskäse**

- **30 g Butterschmalz**
- **40 g Weizenmehl**

Für die Sauce:

- **1 Becher (150 g) Crème fraîche**
- **100 ml Schlagsahne**
- **1 EL Tomatenmark**
- **Cayennepfeffer**

1 Putenfilets unter fließendem kalten Wasser abspülen, trockentupfen und seitlich von der langen Seite aus eine Tasche einschneiden. Mit Salz, Pfeffer und Paprika bestreuen.

2 Für die Füllung Zucchini waschen, die Enden abschneiden und Zucchini in kleine Würfel schneiden. Basilikum abspülen, trockentupfen, die Blätter von den Stängeln zupfen und in feine Streifen schneiden (etwas von den Basilikumstreifen für die Sauce beiseite stellen). Schafskäse in kleine Würfel schneiden.

3 Zucchini, Schafskäse und Basilikum gut verrühren und mit Salz und Pfeffer würzen. Die Masse in die beiden Putenfilets füllen und die Filets mit Holzspießchen zustecken oder mit Küchengarn zunähen.

4 Butterschmalz in einer Pfanne erhitzen. Putenfilets mit Mehl bestäuben und von beiden Seiten darin etwa 25 Minuten garen. Die garen Schnitzel herausnehmen und warm stellen.

5 Für die Sauce Crème fraîche, Sahne und Tomatenmark zu der verbliebenen Bratflüssigkeit in die Pfanne geben, verrühren und einmal aufkochen lassen. Mit Salz, Pfeffer und Cayennepfeffer würzen und die zurückgelassenen Basilikumstreifen unterrühren.

6 Die Putenfilets in Scheiben schneiden und die Sauce dazu servieren.

Tipp

Sie können anstelle von Schafskäse auch Ziegenkäse verwenden. Nach Belieben die Sauce anstelle von Tomatenmark mit Currypulver würzen.

Beilage:
Kräuterkartoffeln, Reis, verschiedene Blattsalate, Paprikasalat, Baguette mit Kräuterbutter.

Abwandlung:
Anstelle der Zucchini-Schafskäse-Masse können Sie die Putenfilets auch mit einer Blattspinat-Tomatenwürfel-Mischung oder mit gemischten, gedünsteten Pilzen füllen.

Bayerischer Krautbraten

4 Portionen
Zubereitungszeit: 90 Min.

Pro Portion:
E: 29 g, F: 48 g, Kh: 15 g,
kJ: 2721, kcal: 650

- **1 Kopf Weißkohl (etwa 1 kg)**
- **Salzwasser**
- **1 Zwiebel**
- **1 TL Kümmel**
- **60 g Schweineschmalz**
- **Salz**
- **frisch gemahlener Pfeffer**
- **1 Brötchen (Semmel)**
- **350 g Rindergehacktes**
- **2 Eier**
- **2 EL gehackte Petersilie**
- **100 g magere, durchwachsene Speckscheiben**

1 Die schlechten äußeren Blätter von dem Weißkohl entfernen, den Strunk herausschneiden und den Kohlkopf etwa 15 Minuten in kochendes Salzwasser legen. Die äußeren großen Blätter vorsichtig lösen und beiseite legen. Den restlichen Kohl klein schneiden.

2 Zwiebel abziehen und würfeln. Kümmel zerdrücken. Schweineschmalz in einem Topf zerlassen. Zwiebel, Kümmel und Kohlstreifen darin fast gar schmoren, mit Salz und Pfeffer würzen und etwas abkühlen lassen.

3 Brötchen in Wasser einweichen. Mit einem Teil der zurückgelassenen Weißkohlblätter einen gefetteten, feuerfesten Topf oder eine längliche, gefettete Auflaufform auslegen.

4 Das Gehackte mit Eiern, dem gut ausgedrückten Brötchen, Petersilie und dem geschmorten Kohl vermengen und mit Salz und Pfeffer würzen.

5 Die Fleischmasse auf die Kohlblätter füllen, die zurückgelassenen Blätter darüber legen, fest andrücken (evtl. zusammenbinden) und mit den Speckscheiben belegen. Die Form auf dem Rost in den Backofen schieben.

Ober-/Unterhitze:
180–200 °C (vorgeheizt)
Heißluft: 160–180 °C
(nicht vorgeheizt)
Gas: Stufe 3–4 (nicht vorgeheizt)
Garzeit: etwa 60 Min.

Tipp

Zu dem Krautbraten nach Belieben eine Tomatensauce reichen. Dazu 2 Zwiebeln abziehen, würfeln und in 2 Esslöffeln heissem Speiseöl andünsten. 1 Dose (800 g) geschälte Tomaten dazugeben und alles etwa 15 Minuten bei schwacher Hitze köcheln lassen. Die Sauce mit etwas Tomatenmark, Salz und Pfeffer abschmecken und pürieren. Evtl. etwas Schmand unterrühren.

Beilage:
Salzkartoffeln.

Hähnchenbrust mit Senfkruste

4 Portionen
Zubereitungszeit: 35 Min.

Pro Portion:
E: 39 g, F: 6 g, Kh: 3 g,
kJ: 918, kcal: 220

- **4 Hähnchenbrustfilets (je 150 g)**
- **Salz**
- **frisch gemahlener Pfeffer**
- **Currypulver**
- **2 Eiweiß**
- **1 EL körniger Senf**
- **1 EL mittelscharfer Senf**
- **1 geh. EL Semmelbrösel**
- **20 g Butter**
- **1 Bund Schnittlauch**

1 Hähnchenbrustfilets unter fließendem kalten Wasser abspülen, trockentupfen, mit Salz, Pfeffer und Curry würzen und nebeneinander in eine gefettete Auflaufform legen.

2 Eiweiß sehr steif schlagen. Beide Senfsorten mit Semmelbröseln und Salz mischen und unterheben. Die Eiweißmasse mit Hilfe eines Messers auf die Hähnchenbrustfilets streichen.

3 Butter in Flöckchen darauf setzen. Die Form im unteren Drittel auf dem Rost in den Backofen schieben.

Ober-/Unterhitze:
etwa 200 °C (vorgeheizt)
Heißluft: etwa 180 °C (vorgeheizt)
Gas: Stufe 3–4 (vorgeheizt)
Garzeit: 20–25 Min.

4 Schnittlauch kalt abspülen, trockentupfen, in Röllchen schneiden und kurz vor dem Servieren die Hähnchenbrustfilets damit bestreuen.

Tipp

Sie können das Gericht auch gut für mehr als 4 Personen auf dem Backblech zubereiten. Das Fleisch schmeckt noch herzhafter, wenn die Hähnchenbrustfilets vorher kurz in Speiseöl angebraten werden.
Nach Belieben jedes Hähnchenbrustfilet zusätzlich mit einer Scheibe gekochtem Schinken belegen.
Die Filets schmecken auch kalt sehr gut. Sie dann in Scheiben geschnitten servieren.

Beilage:
Porreegemüse und Bandnudeln oder Kartoffelpüree.

Kabeljau mit Senfsauce

Foto – 4 Portionen
Zubereitungszeit: 25 Min.

Pro Portion:
E: 27 g, F: 7 g, Kh: 2 g,
kJ: 840, kcal: 200

- **20 g Butter**
- **2 EL Zwiebelwürfel**
- **200 ml Fischfond oder -brühe**
- **4 Kabeljaufilets (je 150 g)**
- **Salz, Pfeffer**
- **100 ml trockener Weißwein**
- **1 EL körniger Senf**
- **2 EL Crème fraîche**
- **2 EL Schnittlauchröllchen**

1 Butter in einer tiefen Pfanne erhitzen. Zwiebelwürfel darin andünsten und mit Fischfond ablöschen.

2 Kabeljaufilets unter fließendem kalten Wasser abspülen, trockentupfen, salzen und pfeffern, in den Fischfond geben und etwa 10 Minuten garen. Die Fischfilets dann herausnehmen und warm stellen.

3 Den Fond mit Wein und Senf etwas einkochen lassen. Mit Salz und Pfeffer würzen und mit Crème fraîche und Schnittlauchröllchen verfeinern.

4 Den Fisch portionsweise anrichten und mit der Sauce übergießen.

Beilage:
Salzkartoffeln.

Abwandlung:
Sie können den Fisch auch in Butter und etwas Öl braten und die Sauce dazu reichen. Dann den Fischfond vorher etwas einkochen lassen.

Gebratenes Rotbarschfilet

4 Portionen
Zubereitungszeit: 15 Min.

Pro Portion:
E: 33 g, F: 23 g, Kh: 22 g,
kJ: 1881, kcal: 449

- **4 Rotbarschfilets (je 150 g)**
- **Salz, Pfeffer**
- **1 Ei, 2 EL kaltes Wasser**
- **40 g Weizenmehl**
- **75 g Semmelbrösel**
- **75 g Butter oder Margarine**
- **einige Zitronenscheiben**

1 Fischfilets unter fließendem kalten Wasser abspülen, trockentupfen und mit Salz und Pfeffer bestreuen.

2 Ei mit Wasser verschlagen. Die Filets zunächst in Mehl, dann in dem Ei und zuletzt in Semmelbröseln wenden und gut andrücken.

3 Butter oder Margarine in einer Pfanne erhitzen und die Filetstücke von beiden Seiten darin in 6–8 Minuten goldbraun braten. Mit Zitronenscheiben garnieren.

Tipp

Anstelle von Rotbarschfilet können Sie auch Seelachs-, Blauleng-, Kabeljau- oder Seezungenfilet verwenden (Bratzeit für die Seezunge etwa 5 Minuten).

Überbackenes Fischfilet

4 Portionen
Zubereitungszeit: 55 Min.

Pro Portion:
E: 28 g, F: 37 g, Kh: 45 g,
kJ: 2775, kcal: 662

- **500 g Fischfilet, z. B. Kabeljau- oder Rotbarschfilet**
- **evtl. Saft von 1 Zitrone**
- **Salz**
- **2 Zwiebeln**
- **1 Glas Champignonscheiben (Abtropfgewicht 280 g)**
- **1 Bund Petersilie**
- **2 EL Speiseöl**
- **1 Dose geschälte Tomaten (400 g)**
- **2 EL Tomatenmark**
- **frisch gemahlener Pfeffer**
- **200 g Schmand**
- **80 g Semmelbrösel**
- **40 g Butter**

1 Fischfilet unter fließendem kalten Wasser abspülen, trockentupfen, nach Belieben mit Zitronensaft beträufeln, trockentupfen und mit Salz bestreuen.

2 Zwiebeln abziehen und in Würfel schneiden. Champignonscheiben auf einem Sieb abtropfen lassen. Petersilie abspülen, trockentupfen, die Blättchen von den Stängeln zupfen und fein hacken.

3 Öl in einer Pfanne erhitzen und die Zwiebelwürfel darin andünsten. Tomaten mit der Flüssigkeit hinzugeben und die Tomaten etwas zerdrücken. Champignons und Petersilie unterrühren und kurz mit erhitzen. Mit Salz und Pfeffer würzen.

4 Die Tomaten-Champignon-Masse in eine flache, gefettete Auflaufform geben und das Fischfilet darauf legen. Schmand darauf verteilen, mit Semmelbröseln bestreuen und Butter in Flöckchen darauf setzen. Die Form auf dem Rost in den Backofen schieben.

Ober-/Unterhitze:
etwa 200 °C (vorgeheizt)
Heißluft: etwa 180 °C (vorgeheizt)
Gas: Stufe 3–4 (vorgeheizt)
Backzeit: etwa 25 Min.

Tipp

Anstelle der Dosentomaten können Sie auch frische, in Scheiben geschnittene Tomaten verwenden. Nach Belieben das Fischfilet zusätzlich mit 100 g geraspeltem Emmentaler Käse überbacken.

Dazu schmeckt Curryreis, den Sie ganz einfach mit im Backofen zubereiten können. Dazu 2 Tassen (etwa 300 g) Langkornreis mit 4 Tassen (etwa 600 ml) Salzwasser und 20 g Butter in eine Auflaufform geben, mit 1 Esslöffel Currypulver bestreuen, einen Deckel auflegen und die Form etwa 20 Minuten vor dem Fischfilet in den Backofen schieben (Garzeit etwa 45 Minuten).

Lachs-Spinat-Klösse

4 Portionen
Zubereitungszeit: 35 Min., ohne Auftauzeit

Pro Portion:
E: 23 g, F: 30 g, Kh: 34 g, kJ: 2496, kcal: 596

- **1 Pck. (450 g) TK-Blattspinat**
- **250 g TK-Lachsfilet**
- **1 Pck. (6 Stück) Kartoffelklöße halb und halb**
- **Salzwasser**
- **1 Zwiebel**
- **2 EL Butter**
- **Salz**
- **frisch gemahlener Pfeffer**
- **geriebene Muskatnuss**
- **2 Becher (je 150 g) Crème fraîche**

1 Spinat auftauen lassen. Lachsfilet zugedeckt auftauen lassen.

2 Die Kartoffelklöße nach Packungsanleitung zubereiten, in kochendes Salzwasser geben, zum Kochen bringen und ohne Deckel nach Packungsanleitung gar ziehen lassen (Wasser muss sich leicht bewegen). Die garen Klöße gut abtropfen lassen.

3 Zwiebel abziehen, in feine Würfel schneiden und zusammen mit dem aufgetauten Spinat in der erhitzten Butter andünsten. Mit Salz, Pfeffer und Muskat würzen.

4 Lachsfilet in Streifen schneiden. Klöße, Spinat-Zwiebel-Mischung und Lachsstreifen in eine gefettete Auflaufform geben.

5 Crème fraîche mit Salz und Pfeffer abschmecken und gleichmäßig über alle Zutaten geben. Die Form auf dem Rost in den Backofen schieben.

Ober-/Unterhitze: etwa 180 °C (vorgeheizt)
Heißluft: etwa 160 °C (vorgeheizt)
Gas: etwa Stufe 3 (vorgeheizt)
Garzeit: etwa 20 Min.

Tipp

Sie können das Gericht auch bereits am Abend vor dem Verzehr vorbereiten, die Auflaufform zugedeckt im Kühlschrank aufbewahren und die Lachs-Spinat-Klösse am nächsten Tag im Backofen garen. Dann erhöht sich die Garzeit um etwa 10 Minuten.

Abwandlung:
Anstelle des TK-Spinats frischen Spinat oder Mangold verwenden.

Matjes-Topf

4 Portionen
Zubereitungszeit: 25 Min., ohne Durchziehzeit

Pro Portion:
E: 14 g, F: 24 g, Kh: 8 g, kJ: 1362, kcal: 325

- **6 Matjesfilets**
- **1 rote Zwiebel**
- **2 Äpfel**
- **125 ml (1/8 l) Schlagsahne**
- **200 g Speisequark**
- **Salz**
- **frisch gemahlener Pfeffer**
- **Zitronensaft**
- **Dillzweige**

1 Matjesfilets evtl. kurz wässern und trockentupfen. Evtl. noch vorhandene Gräten entfernen und die Filets in mundgerechte Stücke schneiden.

2 Zwiebel abziehen, in Scheiben schneiden und in Ringe teilen. Äpfel schälen, vierteln, entkernen und in kleine Scheiben schneiden.

3 Sahne steif schlagen. Quark gut verrühren, die Sahne unterheben und mit Matjesstückchen, Zwiebelringen und Apfelscheiben vorsichtig vermengen.

4 Mit Salz, Pfeffer und Zitronensaft würzen und einige Zeit kühl stellen. Mit Dill garniert servieren.

Tipp
Am besten schmecken Matjes im Mai und Juni, dannn sind sie nicht so salzig.

Beilage:
Pellkartoffeln und grüne Bohnen.

Abwandlung:
Für **Matjesfilets nach Hausfrauen-Art** 8 Matjesfilets (etwa 600 g) wie oben angegeben vorbereiten und in Stücke schneiden. 3 Zwiebeln abziehen und halbieren. 2 Äpfel schälen, vierteln und entkernen. Beide Zutaten und 4 Gewürzgurken in Scheiben schneiden. 375 ml (3/8 l) Schlagsahne mit 3 Esslöffeln Zitronensaft verrühren, mit Salz, Pfeffer und Zucker abschmecken und mit den restlichen Zutaten vermischen. Etwa 12 Stunden durchziehen lassen.

Überbackenes Lachsfilet

Foto – 4 Portionen
Zubereitungszeit: 30 Min., ohne Auftauzeit

Pro Portion:
E: 25 g, F: 36 g, Kh: 12 g, kJ: 2569, kcal: 615

- **4 TK-Lachsfilets (je 125 g)**
- **2 Pck. Helle Sauce (für je 250 ml (1/4 l) Flüssigkeit)**
- **250 ml (1/4 l) Schlagsahne**
- **250 ml (1/4 l) Milch**
- **1 Bund Dill**
- **150 g Crème fraîche**
- **1 TL geriebener Meerrettich (aus dem Glas)**
- **Salz, Pfeffer**

1 Lachsfilets auftauen lassen. Sie dann kurz unter fließendem kalten Wasser abspülen, trockentupfen und in eine gefettete, flache Auflaufform legen.

2 Die Helle Sauce nach Packungsanleitung – aber mit Sahne und Milch – zubereiten. Dill kalt abspülen, trockentupfen, fein hacken und mit Crème fraîche und Meerrettich unter die Sauce rühren. Mit Salz und Pfeffer kräftig würzen.

3 Die Sauce über die Lachsfilets geben. Die Form auf dem Rost in den Backofen schieben.

Ober-/Unterhitze: etwa 180 °C (vorgeheizt)
Heißluft: etwa 160 °C (vorgeheizt)
Gas: etwa Stufe 3 (vorgeheizt)
Garzeit: etwa 20 Min.

- **Beilage:**

Reis und grüner Salat.

Fischpfanne

4 Portionen
Zubereitungszeit: 30 Min.

Pro Portion:
E: 37 g, F: 24 g, Kh: 9 g kJ: 1787, kcal: 428

- **1 Bund Frühlingszwiebeln**
- **4 Tomaten**
- **2 Knoblauchzehen**
- **8 Schollenfilets (je 100 g)**
- **Kräutersalz, Pfeffer**
- **2 EL Weizenmehl**
- **3 EL Speiseöl**
- **150 g Crème fraîche**
- **1/2 Bund Dill**

1 Frühlingszwiebeln putzen, waschen und in Ringe schneiden. Tomaten kurze Zeit in kochendes Wasser legen (nicht kochen lassen), in kaltem Wasser abschrecken, enthäuten, die Stängelansätze entfernen, die Tomaten entkernen und in Stücke schneiden. Knoblauch abziehen, durch die Presse geben.

2 Schollenfilets unter fließendem kalten Wasser abspülen, trockentupfen, mit Kräutersalz und Pfeffer würzen und mit Mehl bestäuben.

3 Öl in einer Pfanne erhitzen, die Filets darin von beiden Seiten anbraten, herausnehmen und warm stellen.

4 Frühlingszwiebeln, Tomaten und Knoblauch in dem verbliebenen Fett andünsten. Crème fraîche unterrühren.

5 Dill abspülen, trockentupfen, fein schneiden und unterheben. Mit Salz und Pfeffer abschmecken. Die Schollenfilets darauf anrichten.

Fix fertig

Wenn es mal schnell gehen muss, können Sie diese raffinierten Gerichte in Windeseile auf den Tisch bringen.

Hähnchenbrust mit Mozzarella

4 Portionen
Zubereitungszeit: 30 Min.

Pro Portion:
E: 56 g, F: 23 g, Kh: 4 g
kJ: 1919, kcal: 459

- **4 Hähnchenbrustfilets (ohne Haut, je etwa 180 g)**
- **Salz**
- **frisch gemahlener Pfeffer**
- **4 mittelgroße Tomaten (je etwa 100 g)**
- **250 g Mozzarella-Käse**
- **3 EL Speiseöl**
- **einige Basilikumblättchen**

1 Hähnchenbrustfilets unter fließendem, kalten Wasser abspülen, trockentupfen und mit Salz und Pfeffer würzen.

2 Tomaten waschen, Stängelansätze herausschneiden und Tomaten in Scheiben schneiden. Den Mozzarella abtropfen lassen und in nicht zu dicke Scheiben schneiden.

3 Öl in einer feuerfesten Pfanne erhitzen und die Filets etwa 10 Minuten von beiden Seiten anbraten.

4 Das Fleisch mit Tomaten- und Mozzarellascheiben belegen, die Pfanne auf dem Rost unter den vorgeheizten Grill in den Backofen schieben und 5–10 Minuten übergrillen (wer keine feuerfeste Pfanne hat, kann die Filets auch nach dem Anbraten in eine Auflaufform umfüllen).

5 Vor dem Servieren mit Basilikumblättern garnieren.

Beilage:
Butterreis oder Knoblauchtoast.

Spargeltoast im Eiermantel

Foto – 4 Portionen
Zubereitungszeit: 35 Min.

Pro Portion:
E: 28 g, F: 41 g, Kh: 20 g,
kJ: 2455, kcal: 586

- **12 Stangen TK-Spargel**
- **Salzwasser**
- **4 Scheiben Toastbrot**
- **40 g weiche Butter**
- **4 Scheiben gekochter Schinken**
- **4 Eier**
- **200 ml Schlagsahne**
- **Salz**
- **frisch gemahlener Pfeffer**
- **geriebene Muskatnuss**
- **60 g geraspelter Gouda**

1 Den Spargel gefroren in kochendes Salzwasser geben und etwa 10 Minuten kochen lassen. Den Spargel abgießen, etwas abkühlen lassen und einmal quer durchschneiden.

2 Toastbrotscheiben in eine gefettete, flache Gratin- oder Auflaufform geben und dick mit der Butter bestreichen. Schinken in Streifen schneiden. Erst den Spargel, dann die Schinkenstreifen auf dem Brot verteilen.

3 Eier mit Sahne verschlagen, mit Salz, Pfeffer und Muskat würzen und über die Spargeltoasts geben. Mit Gouda bestreuen. Die Form auf dem Rost in den Backofen schieben.

Ober-/Unterhitze:
etwa 180 °C (vorgeheizt)
Heißluft: etwa 160 °C (vorgeheizt)
Gas: etwa Stufe 3 (vorgeheizt)
Backzeit: etwa 15 Min.

4 Die fertigen Spargeltoasts sofort servieren.

Beilage:
Tomatensalat.

Toast Hawaii

4 Portionen
Zubereitungszeit: 15 Min.

Pro Portion:
E: 25 g, F: 29 g, Kh: 33 g
kJ: 2095, kcal: 501

- **4 Scheiben Toastbrot**
- **30 g Butter**
- **4 Scheiben (150 g) gekochter Schinken**
- **4 Scheiben Ananas (aus der Dose)**
- **4 Scheiben (250 g) Käse, z. B. Gouda**

1 Toastbrot toasten und mit der Butter bestreichen. Jede Brotscheibe mit je 1 Scheibe Schinken, Ananas und Käse belegen.

2 Die Toasts auf ein Backblech legen. Das Backblech in den Backofen schieben und über-backen, bis der Käse anfängt zu zerlaufen.

Ober-/Unterhitze:
200–220 °C (vorgeheizt)
Heißluft: 180–200 °C (vorgeheizt)
Gas: Stufe 4–5 (vorgeheizt)
Backzeit: etwa 8 Min.

Abwandlung:
Anstelle von Schinken und Ananas können Sie die Toastscheiben auch mit Salami- und Tomatenscheiben belegen und dann mit dem Käse überbacken.

Pellkartoffeln mit Kräuterquark

Foto – 4 Portionen
Zubereitungszeit: 35 Min.

Pro Portion:
E: 20 g, F: 24 g, Kh: 43 g,
kJ: 2004, kcal: 478

- **1 kg Kartoffeln**

Für den Kräuterquark:

- **500 g Speisequark**
- **125 ml (1/8 l) Schlagsahne**
- **1 Bund Schnittlauch**
- **1 Bund Petersilie**
- **Salz, Pfeffer**

1 Kartoffeln gründlich waschen, in Salzwasser zum Kochen bringen, in 20–25 Minuten gar kochen lassen und abgießen. Die Kartoffeln im offenen Topf unter häufigem Schütteln abdämpfen lassen.

2 Für den Kräuterquark Quark mit Sahne verrühren. Schnittlauch und Petersilie abspülen, trockentupfen, fein hacken und unter den Sahnequark rühren. Mit Salz und Pfeffer abschmecken und den Kräuterquark schaumig rühren.

3 Kartoffeln längs einschneiden, etwas aufdrücken und jeweils 1 Esslöffel Kräuterquark hineingeben. Oder die Kartoffeln pellen und zu dem Quark servieren.

Tipp

Nach Belieben können auch noch fein geschnittene Radieschenscheiben in den Quark gegeben werden.

Bauernfrühstück

4 Portionen
Zubereitungszeit: 30 Min.

Pro Portion:
E: 15 g, F: 41 g, Kh: 31 g,
kJ: 2417, kcal: 577

- **750 g gekochte Pellkartoffeln**
- **75 g durchwachsener Speck**
- **4 Zwiebeln**
- **30 g Butter oder Margarine**
- **3 Eier**
- **3 EL Milch**
- **Salz**
- **frisch gemahlener Pfeffer**
- **Paprikapulver edelsüß**
- **geriebene Muskatnuss**
- **125 g Schinkenspeck**
- **2 EL Schnittlauchröllchen**

1 Kartoffeln pellen und in Scheiben schneiden. Den Speck in feine Würfel schneiden. Zwiebeln abziehen und fein würfeln.

2 Die Speckwürfel in einer Pfanne auslassen. Butter oder Margarine dazugeben und die Zwiebelwürfel darin glasig dünsten. Die Kartoffelscheiben hinzugeben und von allen Seiten darin anbraten.

3 Die Eier mit Milch, Salz, Pfeffer, Paprika und Muskat verquirlen. Schinkenspeck in Würfel schneiden und mit den Schnittlauchröllchen hinzugeben. Die Masse über die gebräunten Kartoffeln geben und bei schwacher Hitze stocken lassen.

Hähnchenpfanne mit Nudeln

Foto – 4 Portionen
Zubereitungszeit: 25 Min.

Pro Portion:
E: 36 g, F: 14 g, Kh: 28 g,
kJ: 1657, kcal: 396

- **500 g Hähnchenbrustfilets**
- **4 EL Speiseöl**
- **Salz**
- **frisch gemahlener Pfeffer**
- **1 große Stange Porree (Lauch)**
- **1 Dose Tomatenstücke mit Kräutern (Einwaage 400 g)**
- **400 ml Wasser**
- **150 g Gabelspaghetti**

1 Hähnchenbrustfilets unter fließendem kalten Wasser abspülen, trockentupfen und in dicke Streifen schneiden. Die Hälfte des Öls in einer Pfanne erhitzen und die Fleischstreifen von allen Seiten kräftig anbraten. Die Fleischstreifen salzen und pfeffern, aus der Pfanne nehmen und beiseite stellen.

2 Porree putzen, halbieren, gründlich waschen, abtropfen lassen und in Streifen schneiden. Das restliche Öl in der Pfanne erhitzen und die Porreestreifen darin andünsten. Die Tomatenstücke hinzufügen, die leere Dose mit Wasser füllen (400 ml) und ebenfalls hinzufügen.

3 Gabelspaghetti unterrühren, alles zum Kochen bringen und zugedeckt etwa 10 Minuten garen, dabei zwischendurch umrühren. Dann das Fleisch unterheben, alles erhitzen und mit den Gewürzen abschmecken.

Pytt i panne

4 Portionen
Zubereitungszeit: 25 Min.

Pro Portion:
E: 24 g, F: 43 g, Kh: 36 g
kJ: 2699, kcal: 644

- **800 g gekochte Pellkartoffeln**
- **3 Zwiebeln**
- **300 g gekochter Schinken oder durchwachsener Speck**
- **4 Gewürzgurken**

- **Beigabe:**

Grüner Salat oder Tomatensalat.

- **50 g Butter oder Margarine**
- **250 ml (1/4 l) Bratensauce**
- **300 g Crème fraîche**
- **2 EL gehackte Petersilie**

1 Kartoffeln pellen und in Scheiben schneiden. Zwiebeln abziehen. Zwiebeln, Schinken oder Speck und Gewürzgurken in Würfel schneiden.

2 Die Butter oder Margarine in einer Pfanne zerlassen. Kartoffelscheiben, Zwiebel-, Schinken- und Gurkenwürfel darin anbraten.

3 Bratensauce und Crème fraîche unterrühren und kurz erhitzen. Vor dem Servieren mit Petersilie bestreuen.

Tipp

Wenn Sie keine Bratensauce haben, können Sie 1 Päckchen oder Beutel dunkle Sauce nach Packungsanleitung zubereiten und verwenden.

Kartoffelpfanne aus dem Ofen

4 Portionen
Zubereitungszeit: 30 Min.

Pro Portion:
E: 33 g, F: 48 g, Kh: 30 g,
kJ: 3049, kcal: 728

- **600 g gekochte Pellkartoffeln**
- **1 Stange Porree (Lauch)**
- **4 Mettenden (Räucherwürstchen)**
- **4 Eier**
- **200 ml Schlagsahne**
- **1 Bund glatte Petersilie**
- **3 EL Speiseöl**
- **Salz**
- **frisch gemahlener Pfeffer**
- **120 g geraspelter, mittelalter Gouda-Käse**

1 Kartoffeln pellen und in Würfel schneiden. Porree putzen, längs halbieren, gründlich waschen, abtropfen lassen und in Ringe schneiden. Mettenden würfeln.

2 Eier mit Sahne verschlagen. Petersilie abspülen, trockentupfen, die Blättchen von den Stängeln zupfen, grob hacken und unter die Eiersahne rühren.

3 Öl in einer Pfanne erhitzen. Kartoffel- und Mettendenwürfel darin anbraten, Porreeringe unterrühren und kurz erhitzen. Mit Salz und Pfeffer würzen.

4 Die Eiersahne darüber gießen und unter vorsichtigem Rühren stocken lassen. Alles in eine gefettete Auflaufform geben und mit dem Gouda bestreuen.

5 Die Form auf dem Rost in den Backofen unter den vorgeheizten Grill schieben und übergrillen, bis der Käse leicht gebräunt ist.

Tipp

Wenn Sie eine feuerfeste Pfanne verwenden, muss das Gericht zum Übergrillen nicht umgefüllt werden. Verwenden Sie für dieses Gericht möglichst fest kochende Kartoffeln.

Beilage:

Gemischter Salat, eingelegte Gurken oder Silberzwiebeln.

Abwandlung:

Anstelle von Porree können auch je 1/2 rote und gelbe, in Würfel geschnittene Paprikaschote oder ein Päckchen (300 g) TK-Mexikanisches Gemüse verwendet werden.

Bandnudeln mit Rindfleisch

4 Portionen
Zubereitungszeit: 25 Min.

Pro Portion:
E: 33 g, F: 20 g, Kh: 54 g,
kJ: 2320, kcal: 554

- **300 g Bandnudeln**
- **Salzwasser**
- **400 g Rinderfilet oder Rumpsteak**
- **4 EL Olivenöl**
- **3 EL Sojasauce**
- **3 Zwiebeln**
- **3 Knoblauchzehen**
- **250 g Zucchini**
- **200 g Möhren**
- **12 schwarze Oliven**
- **Salz**
- **frisch gemahlener Pfeffer**
- **1 Bund Oregano**

1 Bandnudeln in reichlich kochendem Salzwasser nach Packungsanleitung bissfest garen, abgießen und abtropfen lassen.

2 Fleisch unter fließendem kalten Wasser abspülen, trockentupfen und in Streifen schneiden.

3 Die Hälfte des Öls in einer Pfanne erhitzen und die Fleischstreifen darin kross anbraten. Sojasauce unterrühren, die Fleischstreifen herausnehmen und warm stellen.

4 Zwiebeln und Knoblauch abziehen und fein würfeln. Das restliche Öl in der Pfanne erhitzen und Zwiebel- und Knoblauchwürfel darin andünsten.

5 Zucchini putzen, waschen und in Streifen schneiden. Möhren putzen, waschen, schälen und in Streifen schneiden. Das Gemüse in die Pfanne geben und ebenfalls andünsten, dabei evtl. etwas Wasser hinzufügen.

6 Oliven entsteinen, in Streifen schneiden und mit dem Fleisch zu dem Gemüse geben. Alles mit Salz und Pfeffer würzen und umrühren.

7 Oregano abspülen, trockentupfen, die Blättchen von den Stängeln zupfen, fein hacken und zu dem Gemüse geben.

8 Die Nudeln mit dem Fleisch und dem Gemüse vermengen, evtl. erwärmen und sofort servieren.

Tipp

Sie können das Rinderfilet oder Rumpsteak auch vor dem Anbraten etwa 30 Minuten in Sojasauce marinieren. Es wird dann noch zarter.

Leberkäse mit Spiegelei

Foto – 4 Portionen
Zubereitungszeit: 30 Min.

Pro Portion:
E: 19 g, F: 39 g, Kh: 2 g,
kJ: 1910, kcal: 456

- **4 EL Speiseöl**
- **4 Scheiben Leberkäse (je 120 g)**
- **4 mittelgroße Zwiebeln**
- **30 g Butter**
- **4 Eier**
- **Salz**
- **2 EL Schnittlauchröllchen**

1 Öl in einer Pfanne erhitzen. Die Leberkäsescheiben darin in etwa 6 Minuten von beiden Seiten braten. Anschließend aus der Pfanne nehmen und warm stellen.

2 Zwiebeln abziehen, halbieren und in Scheiben schneiden. Die Zwiebelscheiben in dem verbliebenen Bratfett unter mehrmaligem Wenden bräunen.

3 Butter in einer beschichteten Pfanne erhitzen. Die Eier vorsichtig aufschlagen und nebeneinander in die Pfanne gleiten lassen. Das Eiweiß mit Salz bestreuen und die Eier etwa 5 Minuten braten.

4 Den Leberkäse auf Tellern anrichten und mit Spiegeleiern, Zwiebelscheiben und Schnittlauchröllchen garnieren.

Beilage:
Kopfsalat.

Eierfrikassee

4 Portionen
Zubereitungszeit: 30 Min.

Pro Portion:
E: 15 g, F: 16 g, Kh: 7 g,
kJ: 1050, kcal: 251

- **200 g gedünstete Champignons**
- **175 g gekochte Spargelstücke**
- **6 hart gekochte Eier**
- **20 g Butter oder Margarine**
- **25 g Weizenmehl**
- **375 ml (3/8 l) Champignon- und Spargelwasser**
- **1 Eigelb**
- **3 EL Weißwein**
- **Salz**
- **etwas Zitronensaft**
- **1 EL gehackte Petersilie**

1 Champignons und Spargelstücke zum Abtropfen auf ein Sieb geben, dabei die Flüssigkeit auffangen und 375 ml (3/8 l) abmessen (evtl. mit Wasser auffüllen). Eier pellen, Champignons und Eier in Scheiben schneiden.

2 Butter oder Margarine in einem Topf zerlassen. Mehl unter Rühren so lange darin erhitzen, bis es hellgelb ist. Die abgemessene Flüssigkeit hinzugießen und mit einem Schneebesen durchschlagen, dabei darauf achten, dass keine Klümpchen entstehen. Alles etwa 10 Minuten kochen lassen.

3 Die vorbereiteten Zutaten in die Sauce geben und darin erwärmen. Eigelb mit Weißwein verschlagen und das Frikassee damit abziehen (nicht mehr kochen lassen). Mit Salz und Zitronensaft abschmecken und mit Petersilie bestreuen.

Beilage:
Reis.

Hack-Tomaten-Bällchen

4 Portionen
Zubereitungszeit: 35 Min.

Pro Portion:
E: 34 g, F: 56 g, Kh: 13 g, kJ: 3097, kcal: 739

Für die Hack-Tomaten-Bällchen:

- **600 g Gehacktes (halb Rind-, halb Schweinefleisch)**
- **Salz**
- **frisch gemahlener Pfeffer**
- **Paprikapulver edelsüß**
- **1 gestr. TL Senf**
- **1 Ei**
- **40 g Semmelbrösel**
- **12 kleine Cocktailtomaten**

- **4 EL Speiseöl**

Für die Tomaten-Kräuter-Sauce:

- **1 Zwiebel**
- **2 EL Speiseöl**
- **1 Dose stückige Tomaten (Einwaage 400 g)**
- **1 EL Tomatenmark**
- **1 Pck. (25 g) gemischte TK-Kräuter**

1 Für die Hack-Tomaten-Bällchen Gehacktes mit Salz, Pfeffer und Paprika würzen. Senf, Ei und Semmelbrösel hinzufügen, gut vermischen und mit den Gewürzen abschmecken. Cocktailtomaten waschen und abtrocknen.

2 Die Fleischmasse in 12 Portionen teilen, in jede Portion 1 Cocktailtomate geben und zu einem Bällchen formen.

3 Öl in einer Pfanne erhitzen und die Bällchen darin rundherum in etwa 10 Minuten anbraten. Die Bällchen aus der Pfanne nehmen und warm stellen.

4 Für die Tomaten-Kräuter-Sauce Zwiebel abziehen und würfeln. Öl in der Pfanne erhitzen und die Zwiebelwürfel darin andünsten. Tomaten und Tomatenmark hinzufügen, alles etwas einkochen lassen und abschmecken. Kräuter unterrühren.

5 Die Sauce zu den Hack-Tomaten-Bällchen servieren.

Abwandlung:
Die Bällchen aus fertig gewürztem Schweinemett zubereiten und anstelle der Tomaten je einen Würfel Schafskäse hineingeben.

Tipp

Die Hack-Tomaten-Bällchen mit der Sauce auf Bandnudeln anrichten.
Sie können die Hack-Tomaten-Bällchen auch als Auflauf servieren. Dazu die Bällchen nur kurz anbraten und in eine gefettete Auflaufform geben. Die Sauce darüber geben und alles mit 100 g geraspeltem Käse bestreuen.
Den Auflauf bei etwa 200 °C (Heissluft: etwa 180 °C, Gas: Stufe 3–4) 15–20 Minuten überbacken.

Blitzgulasch

Foto – 4 Portion
Zubereitungszeit: 30 Min.

Pro Portion:
E: 30 g, F: 26 g, Kh: 4 g,
kJ: 1638, kcal: 391

- **500 g Roastbeef**
- **4 EL Speiseöl**
- **Salz**
- **frisch gemahlener Pfeffer**
- **1 kleines Glas Perlzwiebeln (Abtropfgewicht 185 g)**
- **150 g kleine Champignons**
- **40 g Butter**
- **100 ml Rotwein**
- **200 ml Rinderfond oder Fleischbrühe**
- **1 TL Speisestärke**
- **etwas Rotwein**

1 Roastbeef unter fließendem kalten Wasser abspülen, trockentupfen und in Würfel schneiden.

2 Öl in einer Pfanne erhitzen. Die Fleischwürfel darin rundherum anbraten, herausnehmen, salzen, pfeffern und warm stellen.

3 Perlzwiebeln auf einem Sieb gut abtropfen lassen. Champignons putzen, evtl. abspülen. Butter in der Pfanne zerlassen, Champignons und Perlzwiebeln darin anbraten. Mit Rotwein und Fond oder Brühe ablöschen und die Flüssigkeit etwa um die Hälfte einkochen lassen.

4 Speisestärke mit etwas Rotwein anrühren und die Bratflüssigkeit damit binden. Die Sauce evtl. mit den Gewürzen abschmecken. Die Fleischwürfel in der Sauce erhitzen.

Beilage:
Spätzle, frische Salate.

Rumpsteaks mit Pfeffersauce

4 Portionen
Zubereitungszeit: 20 Min.

Pro Portion:
E: 38 g, F: 60 g, Kh: 3 g,
kJ: 3233, kcal: 772

- **4 Rumpsteaks (je 200 g)**
- **frisch gemahlener Pfeffer**
- **30 g Butterschmalz**
- **Salz, 200 ml Wasser**
- **1 Beutel Rahmbraten-Saucenpulver**
- **1 EL grüne Pfefferkörner (aus dem Glas)**
- **100–125 ml Schlagsahne**
- **evtl. 3 EL Weinbrand oder Sherry**

1 Rumpsteaks unter fließendem kalten Wasser abspülen, gut trockentupfen und mit Pfeffer bestreuen.

2 Butterschmalz in einer Pfanne erhitzen und die Rumpsteaks darin von beiden Seiten 6–8 Minuten braten. Mit Salz würzen und warm stellen.

3 Das Wasser zum Bratsatz geben und das Saucenpulver einrühren. Abgetropfte Pfefferkörner zugeben und 2–3 Minuten kochen lassen.

4 Sahne und nach Belieben Weinbrand oder Sherry unterrühren und die Sauce zu den Rumpsteaks servieren.

Beilage:
Baguette oder Pommes frites.

Nudeln mit Lachs-Sahne-Sauce

4 Portionen
Zubereitungszeit: 30 Min., ohne Auftauzeit

Pro Portion:
E: 27 g, F: 27 g, Kh: 56 g, kJ: 2913, kcal: 696

- **300 g TK-Lachsfilets**
- **300 g grüne Bandnudeln**
- **Salzwasser**
- **2 mittelgroße Stangen Porree (Lauch)**
- **40 g Butter**
- **1 EL Weizenmehl**
- **125 ml (1/8 l) Gemüsebrühe**
- **200 ml Schlagsahne**
- **etwas Zitronensaft**
- **Salz**
- **frisch gemahlener Pfeffer**

1 Lachsfilets aus der Packung nehmen und zugedeckt bei Zimmertemperatur gut antauen lassen. Die Filets dann kurz unter fließendem kalten Wasser abspülen und trockentupfen.

2 Bandnudeln in reichlich kochendem Salzwasser nach Packungsanleitung bissfest kochen, auf ein Sieb geben, kurz mit kaltem Wasser übergießen und gut abtropfen lassen.

3 In der Zwischenzeit Porree putzen, halbieren, gründlich waschen, abtropfen lassen und in Streifen schneiden.

4 Butter in einem Topf erhitzen, die Porreestreifen darin andünsten, Mehl darüber stäuben und unter Rühren hellgelb andünsten. Brühe und Sahne hinzugeben, alles zum Kochen bringen und etwa 5 Minuten kochen lassen.

5 Lachsfilets in Würfel schneiden, mit Zitronensaft beträufeln, mit Salz und Pfeffer würzen, in die Sauce geben und in etwa 5 Minuten bei schwacher Hitze darin garen.

6 Die Nudeln vorsichtig unterheben und sofort servieren.

Tipp

Sie können vor dem Servieren auch zusätzlich 1 Esslöffel rote Pfefferkörner über das Gericht streuen.
Sie können das Gericht auch als Auflauf zubereiten. Dazu alle Zutaten wie oben beschrieben vorbereiten, nur den Lachs nicht garen, vermischen und in eine Auflaufform geben. Mit Butterflöckchen belegen und mit Semmelbröseln bestreuen. Den Auflauf bei etwa 180 °C (Heissluft: etwa 160 °C, Gas: etwa Stufe 3) 10–15 Minuten überbacken.

Gebratene Kartoffelecken

Foto – 4 Portionen
Zubereitungszeit: 35 Min.

Pro Portion:
E: 4 g, F: 12 g, Kh: 25 g,
kJ: 973, kcal: 232

- **600 g Kartoffeln**
- **4 EL Speiseöl**
- **je 1 rote, gelbe und grüne Paprikaschote**
- **1 Knoblauchzehe**
- **Salz, Pfeffer**
- **1 EL frischer, gehackter Oregano**

1 Kartoffeln waschen, gründlich bürsten, trockentupfen und der Länge nach in Achtel schneiden.

2 Öl in einer Pfanne erhitzen, die Kartoffelecken darin kräftig von allen Seiten anbraten und etwa 10 Minuten garen.

3 Paprikaschoten halbieren, entstielen, entkernen, die weißen Scheidewände entfernen, Schoten waschen und in Würfel schneiden.

4 Paprikawürfel zu den Kartoffelecken geben und alles weitere 10 Minuten braten lassen. Knoblauch abziehen, fein hacken oder durch die Presse drücken und hinzufügen. Alles kräftig mit Salz und Pfeffer würzen. Oregano unterrühren.

Abwandlung:
Sie können die Kartoffelecken anstelle von Paprika auch mit gewürfelten Zucchini zubereiten.

Ramequin mit Schinken

4 Portionen
Zubereitungszeit: 35 Min.

Pro Portion:
E: 27 g, F: 31 g, Kh: 20 g,
kJ: 2105, kcal: 503

- **4 Scheiben Toastbrot**
- **6 EL Weißwein**
- **4 Scheiben gekochter Schinken**
- **4 Scheiben Emmentaler oder Greyerzer Käse (in Größe der Toastbrotscheiben)**
- **Paprikapulver edelsüß**
- **3 Eigelb**
- **1 geh. EL Weizenmehl**
- **125 ml (1/8 l) Milch**
- **125 ml (1/8 l) Schlagsahne**
- **Salz**
- **frisch gemahlener Pfeffer**
- **3 Eiweiß**

1 Toastbrotscheiben in eine gefettete Gratinform legen und mit Weißwein beträufeln. Schinken in Streifen schneiden und darauf verteilen. Die Käsescheiben darauf legen und mit Paprika bestreuen.

2 Eigelb mit Mehl verschlagen. Milch und Sahne unterrühren und alles mit Salz und Pfeffer abschmecken. Eiweiß steif schlagen und unterheben. Die Masse auf die Toastscheiben geben. Die Form auf dem Rost in den Backofen schieben.

Ober-/Unterhitze:
etwa 180 °C (vorgeheizt)
Heißluft: etwa 160 °C (vorgeheizt)
Gas: etwa Stufe 3 (vorgeheizt)
Backzeit: etwa 25 Min.

Beilage:
Gemischter Blattsalat.

Porree-Gehacktes-Topf

Foto – 4 Portionen
Zubereitungszeit: 20 Min.

Pro Portion:
E: 37 g, F: 44 g, Kh: 45 g, kJ: 3225, kcal: 770

- **2 Stangen Porree (Lauch)**
- **3 EL Speiseöl**
- **500 g Gehacktes (halb Rind-, halb Schweinefleisch)**
- **Salz**
- **frisch gemahlener Pfeffer**
- **500 ml (1/2 l) Fleisch- oder Gemüsebrühe**
- **250 g Gabelspaghetti**

1 Porree putzen, längs halbieren, gründlich waschen und in Ringe schneiden.

2 Öl in einer großen, beschichteten Pfanne oder einem großen Topf erhitzen. Gehacktes hinzufügen und unter Rühren darin abraten, dabei die Klümpchen mit Hilfe einer Gabel zerdrücken. Das Gehackte mit Salz und Pfeffer würzen.

3 Porreeringe, Brühe und Gabelspaghetti hinzufügen, alles zum Kochen bringen und zugedeckt etwa 8 Minuten bei mittlerer Hitze garen, dabei zwischendurch umrühren. Mit Salz und Pfeffer abschmecken.

Schnelles Hühnerfrikassee

4 Portionen
Zubereitungszeit: 25 Min.

Pro Portion:
E: 42 g, F: 11 g, Kh: 14 g, kJ: 1389, kcal: 332

- **1 Dose Champignonscheiben (Abtropfgewicht 230 g)**
- **1 Glas Spargel (Abtropfgewicht 370 g)**
- **500 g Hähnchenbrustfilets**
- **1 Glas (340 ml) Geflügelfond mit Fleischeinlage**
- **6 geh. EL Weizenmehl**
- **200 ml Champignon- oder Spargelflüssigkeit**
- **125 ml (1/8 l) Schlagsahne**
- **Salz, Pfeffer**
- **geriebene Muskatnuss**
- **evtl. Zitronensaft oder Weißwein**

1 Champignons und Spargel auf einem Sieb abtropfen lassen, dabei die Flüssigkeit auffangen und 200 ml abmessen. Den Spargel in mundgerechte Stücke schneiden. Hähnchenbrustfilets kalt abspülen, trockentupfen und in Stücke schneiden.

2 Den Geflügelfond ohne die Fleischeinlage erhitzen, die Hähnchenbrustfiletstücke hineingeben, in etwa 5 Minuten gar ziehen lassen und mit einem Schaumlöffel herausnehmen.

3 Mehl mit etwas von der Champignon- oder Spargelflüssigkeit anrühren. Die restliche Flüssigkeit und Sahne zu dem Fond geben und erhitzen. Das angerührte Mehl mit einem Schneebesen einrühren und aufkochen lassen. Mit Salz, Pfeffer und Muskat abschmecken.

4 Spargelstücke und Champignonscheiben mit dem gesamten Fleisch in die Sauce geben und erhitzen. Das Frikassee nach Belieben mit Zitronensaft oder Weißwein abschmecken.

Beilage:
Reis.

Aus dem Ofen

Wenn das Esssen erst einmal im Ofen ist und der verführerische Duft durch die Küche zieht, ist keiner mehr zu halten.

Spaghetti-Pizza

4 Portionen
Zubereitungszeit: 45 Min.

Pro Portion:
E: 38 g, F: 55 g, Kh: 63 g, kJ: 3941, kcal: 941

- **300 g Spaghetti**
- **Salzwasser**
- **1 EL Speiseöl**
- **1 rote Paprikaschote**
- **40 g Butter**
- **15 g Weizenmehl**
- **250 ml (1/4 l) Schlagsahne**
- **250 ml (1/4 l) Milch**
- **1 Ecke (62,5 g) Schmelzkäse**
- **2 Eier**
- **200 g gekochter Schinken**
- **Salz**
- **frisch gemahlener Pfeffer**
- **Paprikapulver edelsüß**
- **5 mittelgroße Tomaten**
- **gerebelter Oregano**
- **80 g geraspelter Gratinkäse**
- **einige Basilikumblättchen**

1 Spaghetti einmal durchbrechen und in reichlich kochendes Salzwasser geben, Öl hinzufügen und die Spaghetti nach Packungsanleitung bissfest kochen. Die garen Spaghetti auf ein Sieb geben, mit kaltem Wasser übergießen und gut abtropfen lassen.

2 Paprikaschote halbieren, entstielen, entkernen, die weißen Scheidewände entfernen, die Schote waschen und in Streifen schneiden.

3 Butter in einem Topf zerlassen. Mehl unter Rühren hinzufügen, Sahne und Milch hinzufügen und unter Rühren zum Kochen bringen. Paprikastreifen hinzufügen und alles etwa 5 Minuten kochen lassen.

4 Schmelzkäse unterrühren. Die abgetropften Spaghetti unterheben und Eier unterrühren.

(Fortsetzung Seite 80)

5 Schinken in Streifen schneiden und unterheben. Die Masse mit Salz, Pfeffer und Paprika abschmecken und in eine Gratin- oder Pieform (Ø 30 cm) geben.

6 Tomaten waschen, Stängelansätze herausschneiden, Tomaten in Scheiben schneiden, darauf verteilen und mit Salz, Pfeffer und Oregano würzen. Den Käse darauf streuen. Die Form auf dem Rost in den Backofen schieben.

Ober-/Unterhitze:
etwa 200 °C (vorgeheizt)
Heißluft: etwa 180 °C (vorgeheizt)
Gas: Stufe 3–4 (vorgeheizt)
Backzeit: 15–20 Min.

7 Die gare Spaghetti-Pizza mit Basilikumblättchen garnieren.

Tipp

Sie können die Spaghetti-Pizza vorbereiten, zugedeckt im Kühlschrank aufbewahren und erst kurz vor dem Verzehr in den Backofen schieben. Dann verlängert sich die Backzeit um etwa 5 Minuten.

Würstchenauflauf

4 Portionen
Zubereitungszeit: 50 Min.

Pro Portion:
E: 65 g, F: 56 g, Kh: 35 g, kJ: 4021, kcal: 961

- **500 g gekochte Pellkartoffeln**
- **2 lange Wiener Würstchen (je 125 g)**
- **1 Glas Champignonscheiben (Abtropfgewicht 185 g)**
- **2–3 grobe, ungebrühte Bratwürste**
- **150 g TK-Erbsen**
- **3 Eier**
- **125 ml (1/8 l) Milch**
- **125 ml (1/8 l) Schlagsahne**
- **Salz**
- **frisch gemahlener Pfeffer**
- **geriebene Muskatnuss**
- **100 g geriebener Gouda-Käse**
- **2 EL Semmelbrösel**
- **2 EL Butter**

1 Kartoffeln pellen. Kartoffeln und Würstchen in Scheiben schneiden und abwechselnd in eine gefettete, flache Auflauf- oder Gratinform schichten.

2 Champignonscheiben auf einem Sieb abtropfen lassen. Aus der Bratwurstmasse Klößchen formen und mit Champignons und Erbsen in den Zwischenräumen und auf den Kartoffel- und Würstchenscheiben verteilen.

3 Eier mit Milch und Sahne verschlagen, mit Salz, Pfeffer und Muskat würzen und über den Auflauf gießen. Den Auflauf mit Gouda und Semmelbröseln bestreuen und die Butter in Flöckchen darauf verteilen. Die Form auf dem Rost in den Backofen schieben.

Ober-/Unterhitze:
etwa 180 °C (vorgeheizt)
Heißluft: etwa 160 °C (nicht vorgeheizt)
Gas: Stufe 3–4 (nicht vorgeheizt)
Backzeit: etwa 35 Min.

- **Beilage:**

Kopf- oder Tomatensalat.

Hähnchenschnitzel-Auflauf

4 Portionen
Zubereitungszeit: 50 Min.

Pro Portion:
E: 44 g, F: 52 g, Kh: 19 g,
kJ: 3153, kcal: 753

- **4 Hähnchenschnitzel (je 150 g)**
- **Salz**
- **frisch gemahlener Pfeffer**
- **Currypulver**
- **etwas Weizenmehl**
- **5 EL Speiseöl**
- **2 Dosen kleine, ganze Champignons (Abtropfgewicht je 230 g)**
- **1 Gemüsezwiebel**
- **1 EL Weizenmehl**
- **125 ml (1/8 l) Tomatenketchup**
- **125 ml (1/8 l) Weißwein**
- **150–250 ml Schlagsahne**
- **4 Scheiben durchwachsener Speck**

1 Das Fleisch unter fließendem kalten Wasser abspülen, trockentupfen, mit Salz, Pfeffer und Curry würzen und mit Mehl bestäuben.

2 Drei Esslöffel Öl in einer großen, beschichteten Pfanne erhitzen, die Hähnchenschnitzel darin von beiden Seiten anbraten und nebeneinander in eine gefettete, flache Auflaufform legen.

3 Champignons auf einem Sieb abtropfen lassen. Zwiebel abziehen, halbieren und in Streifen schneiden.

4 Das restliche Öl in der Pfanne erhitzen und die Zwiebelstreifen darin andünsten. Champignons hinzufügen und kurz mit andünsten.

5 Mit Mehl bestäuben, mit Ketchup, Weißwein und Sahne auffüllen und aufkochen lassen. Mit den Gewürzen abschmecken und über die Hähnchenschnitzel geben.

6 Die Speckscheiben in 1,5 cm dicke Streifen schneiden und darauf verteilen. Die Form auf dem Rost in den Backofen schieben.

Ober-/Unterhitze:
etwa 180 °C (vorgeheizt)
Heißluft: etwa 160 °C (vorgeheizt)
Gas: etwa Stufe 3 (vorgeheizt)
Backzeit: 20–25 Min.

Tipp

Wenn Kinder mitessen, den Weisswein durch Gemüsebrühe ersetzen.
Der Auflauf kann gut vorbereitet und im Kühlschrank aufbewahrt werden. Dann verlängert sich die Backzeit um 5–10 Minuten.

Bäckers Spinatauflauf

Foto – 4 Portionen
Zubereitungszeit: 40 Min.

Pro Portion:
E: 22 g, F: 35 g, Kh: 27 g,
kJ: 2219, kcal: 530

- **1 Pck. (450 g) TK-Blattspinat**
- **3 Brötchen (Semmel)**
- **375 ml (3/8 l) Milch**
- **75 g durchwachsener Speck**
- **1 Zwiebel, 3 Eigelb**
- **Salz, Pfeffer**
- **geriebene Muskatnuss**
- **3 Eiweiß**
- **80 g geriebener Käse**
- **40 g Butter**

1 Spinat auftauen lassen. Brötchen in der Milch einweichen und gut ausdrücken. Speck in Würfel schneiden und auslassen. Die Zwiebel abziehen, würfeln und in dem Speckfett andünsten und zu der Brötchenmasse geben.

2 Spinat mit Eigelb zu der Speck-Brötchen-Masse geben, gut verrühren und mit Salz, Pfeffer und Muskat würzen. Eiweiß steif schlagen und unterheben.

3 Die Masse in eine gefettete, flache Auflaufform füllen und mit dem Käse bestreuen. Butter in Flöckchen darauf setzen. Die Form auf dem Rost in den Backofen schieben.

Ober-/Unterhitze:
etwa 200 °C (vorgeheizt)
Heißluft: etwa 180 °C (vorgeheizt)
Gas: etwa Stufe 4 (vorgeheizt)
Backzeit: 25–30 Min.

Beilage:
Kartoffelpüree.

Italienischer Gemüseauflauf

4 Portionen
Zubereitungszeit: 45 Min.

Pro Portion:
E: 14 g, F: 30 g, Kh: 8 g,
kJ: 1585, kcal: 379

- **2 gelbe Paprikaschoten**
- **2 rote Paprikaschoten**
- **4 mittelgroße Zucchini**
- **200 g Mozzarella-Käse**
- **1 Knoblauchzehe**
- **1 Bund Basilikum**
- **50 g schwarze Oliven**
- **Salz, Pfeffer**
- **6 EL Olivenöl**

1 Paprikaschoten putzen, waschen und in grobe Streifen schneiden. Zucchini putzen, die Enden abschneiden, Zucchini waschen und in Scheiben schneiden. Mozzarella in Scheiben schneiden.

2 Knoblauch abziehen und fein würfeln. Basilikum abspülen, trockentupfen, die Blättchen von den Stängeln zupfen und in Streifen schneiden.

3 Paprikastreifen, Mozzarella- und Zucchinischeiben und Oliven abwechselnd dachziegelartig in eine leicht gefettete Auflaufform geben, dabei die Schichten mit Salz und Pfeffer würzen.

4 Öl mit Knoblauch und Basilikum verrühren und über das Gemüse verteilen. Die Form auf dem Rost in den Backofen schieben.

Ober-/Unterhitze:
etwa 200 °C (vorgeheizt)
Heißluft: etwa 180 °C (vorgeheizt)
Gas: etwa Stufe 4 (vorgeheizt)
Backzeit: 25–30 Min.

Eierkuchenauflauf

4–6 Portionen
Zubereitungszeit: 45 Min.

Pro Portion:
E: 22 g, F: 45 g, Kh: 46 g,
kJ: 2992, kcal: 714

Für den Teig:
- **250 g Weizenmehl**
- **4 Eier (Größe M)**
- **½ gestr. TL Salz**
- **375 ml (3/8 l) Milch**
- **125 ml (1/8 l) Mineralwasser**
- **1 Bund Frühlingszwiebeln**

- **6 EL Speiseöl**

Für die Füllung:
- **500 g gemischte Pilze, z. B. Champignons, Pfifferlinge, Austernpilze**
- **1 Bund Frühlingszwiebeln**
- **3 EL Speiseöl**
- **Salz**
- **frisch gemahlener Pfeffer**
- **1 geh. TL Weizenmehl**
- **1 Becher (150 g) Crème fraîche**

- **100 g geraspelter Gratinkäse**

Beilage:
Gemischter Salat.

1 Für den Teig Mehl in eine Schüssel sieben und in die Mitte eine Vertiefung eindrücken. Eier mit Salz, Milch und Mineralwasser verschlagen, etwas davon in die Vertiefung geben, von der Mitte aus Eierflüssigkeit und Mehl verrühren, nach und nach die übrige Eierflüssigkeit dazugeben und unterrühren, dabei darauf achten, dass keine Klümpchen entstehen.

2 Frühlingszwiebeln putzen, waschen, in feine Ringe schneiden und unter den Teig rühren.

3 Etwas von dem Öl in einer Pfanne erhitzen und eine dünne Teiglage hineingeben. Bevor der Eierkuchen gewendet wird, etwas Öl in die Pfanne geben. Den Eierkuchen von beiden Seiten goldgelb backen. Auf diese Weise etwa 6 Eierpfannkuchen backen und übereinander auf einen flachen Teller legen.

4 Für die Füllung Pilze mit Küchenpapier abreiben, evtl. abspülen und in Stücke schneiden. Frühlingszwiebeln putzen, waschen und in feine Ringe schneiden.

5 Öl in der Pfanne erhitzen, die Pilze darin anbraten und mit Salz und Pfeffer würzen. Mehl darüber stäuben und Crème fraîche unterrühren. Die Frühlingszwiebelringe zu den Pilzen geben und alles einmal aufkochen lassen.

6 Jeweils etwas von der Füllung auf jeden Eierkuchen geben, die Eierkuchen aufrollen, nebeneinander in eine gefettete, flache Auflaufform legen und mit dem Käse bestreuen. Die Form auf dem Rost in den Backofen schieben.

Ober-/Unterhitze:
etwa 180 °C (vorgeheizt)
Heißluft: etwa 160 °C (vorgeheizt)
Gas: etwa Stufe 3 (vorgeheizt)
Backzeit: etwa 20 Min.

Tipp
Für die Füllung können Sie anstelle der Frühlingszwiebeln auch ein Bund glatte Petersilie verwenden.

Schweizer Brot-Geflügel-Auflauf

Foto – 4 Portionen
Zubereitungszeit: 50 Min.

Pro Portion:
E: 48 g, F: 44 g, Kh: 24 g,
kJ: 3048, kcal: 729

- **500 g Hähnchen- oder Putenbrustfilets**
- **1 Gemüsezwiebel**
- **3 EL Speiseöl**
- **1 EL Weizenmehl**
- **Salz, Pfeffer**
- **125 ml (1/8 l) Schlagsahne**
- **125 ml (1/8 l) Weißwein**
- **4 Scheiben Weißbrot**
- **4 große Scheiben Emmentaler Käse**
- **125 ml (1/8 l) Schlagsahne**
- **125 ml (1/8 l) Milch**
- **2 Eier**
- **Paprikapulver edelsüß**

1 Das Fleisch unter fließendem kalten Wasser abspülen, trockentupfen und in breite Streifen schneiden. Zwiebel abziehen, halbieren und in Scheiben schneiden.

2 Öl erhitzen, die Fleischstreifen darin unter Wenden kurz anbraten. Zwiebelscheiben hinzufügen und mit andünsten. Mit Mehl bestäuben und mit Salz und Pfeffer würzen.

3 Sahne und Weißwein hinzufügen, alles aufkochen lassen und in eine gefettete, flache Auflauf- oder Gratinform geben. Die Weißbrotscheiben darauf verteilen, die Käsescheiben darauflegen.

4 Sahne mit Milch und Eiern verschlagen, mit Salz, Pfeffer und Paprika abschmecken und auf die mit Käse belegten Brotscheiben geben. Die Form auf dem Rost in den Backofen schieben.

Ober-/Unterhitze:
etwa 180 °C (vorgeheizt)
Heißluft: etwa 160 °C (vorgeheizt)
Gas: etwa Stufe 3 (vorgeheizt)
Backzeit: etwa 30 Min.

- **Beilage:**

Blattsalat und Weißwein.

Kartoffelauflauf

4 Portionen
Zubereitungszeit: 70 Min.

Pro Portion:
E: 45 g, F: 58 g, Kh: 61 g
kJ: 4142, kcal: 988

- **1 kg Kartoffeln**
- **4 hart gekochte Eier**
- **2 Mettenden (Räucherwürstchen)**
- **Salz**
- **300 g saure Sahne**
- **3 gestr. EL Semmelbrösel**
- **40 g Butter**

1 Kartoffeln waschen, in Wasser zum Kochen bringen, in 20–25 Minuten gar kochen lassen, sofort pellen und erkalten lassen.

2 Eier pellen. Eier, Kartoffeln und Rauchenden in Scheiben schneiden und abwechselnd lagenweise in eine gefettete Auflaufform

(Fortsetzung Seite 90)

füllen. Dabei die Kartoffel- und Eierscheiben jeweils mit Salz bestreuen. Die oberste Schicht sollte aus Kartoffeln bestehen.

3 Saure Sahne verrühren und über die Kartoffeln geben. Den Auflauf mit Semmelbröseln bestreuen. Butter in Flöckchen darauf setzen.

Ober-/Unterhitze:
etwa 200 °C (vorgeheizt)
Heißluft: etwa 180 °C (vorgeheizt)
Gas: Stufe 3–4 (vorgeheizt)
Backzeit: 30–40 Min.

Fleischkäse-Gemüse-Auflauf

4 Portionen
Zubereitungszeit: 60 Min.

Pro Portion:
E: 29 g, F: 59 g, Kh: 21 g,
kJ: 3180, kcal: 760

- **1 Stange Porree (Lauch)**
- **1 rote Paprikaschote**
- **1 Dose Gemüsemais (Abtropfgewicht 285 g)**
- **3 EL Speiseöl**
- **150 g TK-Erbsen**
- **Salz**
- **frisch gemahlener Pfeffer**
- **Cayennepfeffer**
- **4 Scheiben Fleischkäse (je 100 g)**
- **4 Eier**
- **200 ml Schlagsahne**
- **100 g geraspelter Emmentaler Käse**

1 Porree putzen, längs halbieren, gründlich waschen und in Streifen schneiden. Paprikaschote halbieren, entstielen, entkernen, die weißen Scheidewände entfernen, Schote waschen und in Streifen schneiden. Mais auf einem Sieb abtropfen lassen.

2 Öl in einem Bräter erhitzen und Porree- und Paprikastreifen darin andünsten. Mais und Erbsen hinzufügen und mit andünsten. Mit Salz, Pfeffer und Cayennepfeffer würzen. Evtl. etwas Wasser hinzufügen. Fleischkäse in Streifen schneiden und unter die Gemüse-Fleischkäse-Mischung heben.

3 Eier mit Sahne verschlagen, mit den Gewürzen abschmecken und über das Gemüse geben. Mit Emmentaler bestreuen. Den Bräter auf dem Rost in den Backofen schieben.

Ober-/Unterhitze:
etwa 200 °C (vorgeheizt)
Heißluft: etwa 180 °C (nicht vorgeheizt)
Gas: etwa Stufe 4 (nicht vorgeheizt)
Backzeit: etwa 35 Min.

Tipp
Wer keinen passend grossen Bräter oder eine feuerfeste Pfanne hat, kann die angedünstete Gemüse-Fleischkäse-Mischung auch in eine gefettete Auflaufform umfüllen und erst dann mit der Eiersahne übergiessen und mit Emmentaler bestreuen.

Bandnudel-Zucchini-Gratin

4 Portionen
Zubereitungszeit: 55 Min.

Pro Portion:
E: 29 g, F: 59 g, Kh: 48 g,
kJ: 3668, kcal: 876

- **250 g schmale Bandnudeln**
- **1 EL Speiseöl**
- **2 mittelgroße Zucchini**
- **250 g braune Champignons**
- **6 EL Olivenöl**
- **Salz**
- **frisch gemahlener Pfeffer**
- **1 Knoblauchzehe**
- **4 Eier**
- **250 ml (1/4 l) Schlagsahne**
- **100–150 g geraspelter Emmentaler Käse**
- **1 EL Schnittlauchröllchen**

1 Bandnudeln in reichlich kochendes Salzwasser geben, Öl hinzufügen und die Nudeln nach Packungsanleitung bissfest kochen. Die garen Nudeln auf ein Sieb geben, mit kaltem Wasser übergießen und gut abtropfen lassen.

2 Zucchini waschen, die Enden abschneiden, Zucchini längs in dünne Scheiben schneiden (am besten mit einem Sparschäler). Champignons putzen, evtl. kalt abspülen, abtropfen lassen und in Scheiben schneiden.

3 Öl portionsweise in einer Pfanne erhitzen und Zucchini- und Champignonscheiben portionsweise darin anbraten. Knoblauch abziehen, durch die Presse in die Pfanne drücken. Alles mit Salz und Pfeffer würzen.

4 Nudeln, Zucchini und Champignons mischen und in eine gefettete, ofenfeste Pfanne oder in eine gefettete, flache Auflaufform geben.

5 Eier mit Sahne verschlagen, mit Salz und Pfeffer würzen und über den Gratin geben. Emmentaler darüber streuen. Die Pfanne (Form) auf dem Rost in den Backofen schieben und backen, bis die Eiersahne gestockt ist.

Ober-/Unterhitze:
etwa 180 °C (vorgeheizt)
Heißluft: etwa 160 °C (vorgeheizt)
Gas: etwa Stufe 3 (vorgeheizt)
Backzeit: etwa 30 Min.

6 Den Gratin mit Schnittlauchröllchen bestreuen und sofort servieren.

Abwandlung:

Für einen **Kartoffel-Zucchini-Gratin** 500 g gekochte Pellkartoffeln pellen und in Scheiben schneiden. 500 g Zucchini putzen, waschen und in Scheiben schneiden. Kartoffel- und Zucchinischeiben abwechselnd schuppenartig in eine gefettete Gratinform schichten. 2 Knoblauchzehen abziehen, durch die Presse geben und mit 250 ml (1/4 l) Schlagsahne verrühren. Mit Salz und Pfeffer würzen und über das Gemüse gießen. 100 g geraspelten Emmentaler Käse darüber streuen und 50 g Butter in Flöckchen darauf setzen. Den Gratin bei etwa 200 °C (Heißluft: etwa 180 °C, Gas: Stufe 3–4) 20–25 Minuten überbacken.

Sauerkraut-Kartoffel-Auflauf mit Cabanossi

4–6 Portionen
Zubereitungszeit: 70 Min.

Pro Portion:
E: 31 g, F: 75 g, Kh: 33 g,
kJ: 3344, kcal: 798

- **2 Zwiebeln**
- **3 EL Speiseöl**
- **1 Dose Sauerkraut (Abtropfgewicht 770 g)**
- **125 ml (1/8 l) Gemüsebrühe**
- **Salz**
- **frisch gemahlener Pfeffer**
- **etwas Zucker**
- **2 Pck. Kartoffel-Püree (für Wasser und Milch)**
- **700 ml Wasser**
- **500 ml (1/2 l) Milch**
- **3–4 Cabanossi-Würstchen (etwa 500 g)**
- **2–3 EL Semmelbrösel**
- **40 g Butter**

1 Zwiebeln abziehen, halbieren und in Würfel schneiden. Öl in einem Topf erhitzen und die Zwiebelwürfel darin andünsten. Sauerkraut mit andünsten, mit der Brühe auffüllen, mit Salz, Pfeffer und Zucker würzen und etwa 25 Minuten garen.

2 Kartoffel-Püree nach Packungsanleitung – aber mit 700 ml Wasser und 500 ml (1/2 l) Milch – zubereiten. Cabanossi in Scheiben schneiden.

3 In eine gefettete Auflaufform abwechselnd einen Teil des Sauerkrauts, der Wurstscheiben und des Kartoffelpürees schichten, dann wieder Sauerkraut usw., bis die Zutaten aufgebraucht sind. Die obere Schicht sollte aus Kartoffelpüree bestehen.

4 Semmelbrösel und Butter in Flöckchen darauf verteilen. Die Form auf dem Rost in den Backofen schieben.

Ober-/Unterhitze:
etwa 200 °C (vorgeheizt)
Heißluft: etwa 180 °C
(nicht vorgeheizt)
Gas: Stufe 3–4 (nicht vorgeheizt)
Backzeit: etwa 35 Min.

Tipp

Anstelle der Cabanossi können Sie auch dieselbe Menge in Würfel geschnittenes Kasseler verwenden. Sie können den Auflauf auch am Vortag vorbereiten und am nächsten Tag in den Backofen schieben. Dann verlängert sich die Backzeit um etwa 10 Minuten.

Landfrauenauflauf mit Frühlingsquark

4 Portionen
Zubereitungszeit: 65 Min.

Pro Portion:
E: 39 g, F: 37 g, Kh: 78 g,
kJ: 3436, kcal: 821

- **200 g gelbe Bandnudeln**
- **200 g grüne Bandnudeln**
- **Salzwasser**
- **750 g Fleischtomaten**
- **250 g gekochter Schinken**
- **3 Eier**
- **200 ml Schlagsahne**
- **Salz**
- **frisch gemahlener Pfeffer**
- **1 Bund Schnittlauch**
- **½ Bund glatte Petersilie**
- **1 Pck. (200 g) Frühlingsquark**

1 Beide Nudelsorten in reichlich kochendes Salzwasser geben und nach Packungsanleitung bissfest kochen. Die garen Nudeln auf ein Sieb geben, mit kaltem Wasser übergießen und abtropfen lassen.

2 Tomaten kurze Zeit in kochendes Wasser legen (nicht kochen lassen), in kaltem Wasser abschrecken, enthäuten, die Stängelansätze herausschneiden und Tomaten in Scheiben schneiden.

3 Schinken in kleine Würfel schneiden. Eier mit Sahne verschlagen und mit Salz und Pfeffer würzen. Schnittlauch und Petersilie abspülen, trockentupfen und fein schneiden.

4 Eine Schicht Tomatenscheiben in eine gefettete, flache Auflaufform geben, mit Salz, Pfeffer, Schnittlauch und Petersilie (von den Kräutern 1 Esslöffel für den Quark zurücklassen) bestreuen und die Hälfte der Schinkenwürfel darüber geben. Die Nudeln darauf geben, dann die restlichen Schinkenwürfel und Tomatenscheiben einschichten.

5 Die Eier-Sahne-Masse darüber verteilen. Die Form auf dem Rost in den Backofen schieben und den Auflauf backen, bis die Eiermasse gestockt ist.

Ober-/Unterhitze:
etwa 200 °C (vorgeheizt)
Heißluft: etwa 180 °C
(nicht vorgeheizt)
Gas: Stufe 3–4 (nicht vorgeheizt)
Backzeit: 30–40 Min.

6 Frühlingsquark mit den restlichen Kräutern verrühren, kleine Kleckse davon auf den Auflauf geben und sofort servieren.

Tipp

Nach Belieben die beiden Nudelsorten getrennt kochen und abwechselnd mit den anderen Zutaten dachziegelartig in die Auflaufform schichten.

Überbackene Zucchini

4 Portionen
Zubereitungszeit: 45 Min.

Pro Portion:
E: 37 g, F: 62 g, Kh: 6 g, kJ: 3253, kcal: 777

- **6 EL Olivenöl**
- **600 g Gehacktes (halb Rind-, halb Schweinefleisch)**
- **Salz**
- **frisch gemahlener Pfeffer**
- **1–2 TL Paprika edelsüß**
- **600 g Zucchini**
- **2 Knoblauchzehen**
- **4 mittelgroße Tomaten**
- **gerebelter Oregano**
- **100 g geriebener, mittelalter Gouda-Käse**

1 Zwei Esslöffel Öl erhitzen. Das Gehackte unter Rühren darin anbraten, dabei die Klümpchen mit einer Gabel zerdrücken. Mit Salz, Pfeffer und Paprika würzen.

2 Zucchini waschen, trockentupfen, Enden abschneiden und Zucchini der Länge nach halbieren. Das restliche Öl erhitzen, die Zucchinihälften auf der Schnittfläche darin anbraten und herausnehmen. Die Zucchini mit einem Löffel aushöhlen, so dass ein etwa 1/2 cm breiter Rand stehen bleibt.

3 Das Fruchtfleisch klein schneiden und mit dem Gehackten vermengen. Knoblauch abziehen, durch die Presse drücken und unterrühren. Mit Salz, Pfeffer und Paprika abschmecken. Die Masse in die Zucchinihälften füllen und in eine gefettete, flache Auflaufform setzen.

4 Tomaten waschen, Stängelansätze herausschneiden, Tomaten in Scheiben schneiden und auf die Zucchinihälften verteilen. Mit Salz, Pfeffer und Oregano bestreuen. Den Gouda darüber verteilen. Die Form auf dem Rost in den Backofen schieben.

Ober-/Unterhitze:
etwa 200 °C (vorgeheizt)
Heißluft: etwa 180 °C (vorgeheizt)
Gas: Stufe 3–4 (vorgeheizt)
Backzeit: etwa 20 Min.

Abwandlung:

Die Zucchini schmecken auch sehr lecker mit einer vegetarischen Füllung. Dazu 300 g klein gewürfelte, gebratene Kartoffeln, 1 gewürfelte, gelbe Paprikaschote, 2 durchgepresste Knoblauchzehen und 1 klein geschnittenes Bund Rauke (Rucola) mit dem Zucchinifruchtfleisch mischen. 1 Becher (150 g) Crème fraîche mit 50 g geriebenem Parmesan verrühren, mit Salz und Pfeffer abschmecken und mit den restlichen Zutaten vermengen. Die Masse in die Zucchinihälften füllen, mit Semmelbröseln bestreuen, mit Butterflöckchen belegen und wie oben angegeben backen.

Makkaroniauflauf

Foto – 4 Portionen
Zubereitungszeit: 60 Min.

Pro Portion:
E: 30 g, F: 40 g, Kh: 47 g,
kJ: 2921, kcal: 697

- **250 g Makkaroni**
- **Salzwasser**
- **1 EL Speiseöl**
- **1 kleines Glas Champignonscheiben (Abtropfgewicht 145 g)**
- **250 g gekochter Schinken**
- **3 Eier**
- **200 ml Schlagsahne oder Milch**
- **Salz, Pfeffer**
- **1 geh. EL Semmelbrösel**
- **30 g Butter**

1 Makkaroni in fingerlange Stücke brechen und in reichlich kochendes Salzwasser geben, Öl hinzufügen und die Makkaroni nach Packungsanleitung bissfest kochen. Die garen Makkaroni auf ein Sieb geben, mit kaltem Wasser übergießen und gut abtropfen lassen.

2 Champignonscheiben auf einem Sieb abtropfen lassen. Schinken in kleine Würfel oder Streifen schneiden. Die beiden Zutaten mit den Makkaroni mischen und alles in eine gefettete Auflaufform geben.

3 Eier mit Sahne oder Milch verschlagen, mit Salz und Pfeffer würzen und über den Auflauf geben. Semmelbrösel darüber streuen, die Butter in Flöckchen darauf verteilen. Die Form auf dem Rost in den Backofen schieben.

Ober-/Unterhitze:
200–220 °C (vorgeheizt)
Heißluft: 180–200 °C
(nicht vorgeheizt)
Gas: etwa Stufe 4 (nicht vorgeheizt)
Backzeit: etwa 35 Min.

Nudel-Gehacktes-Auflauf

4 Portionen
Zubereitungszeit: 55 Min.

Pro Portion:
E: 40 g, F: 47 g, Kh: 47 g,
kJ: 3454, kcal: 825

- **250 g Bandnudeln**
- **Salzwasser**
- **1 EL Speiseöl**
- **2 mittelgroße Zwiebeln**
- **1 Knoblauchzehe**
- **20 g Butter oder Margarine**
- **500 g Gehacktes (halb Rind-, halb Schweinefleisch)**
- **Salz, Pfeffer**
- **Paprikapulver edelsüß**
- **gerebelter Thymian**
- **500 g Tomaten**
- **100 g geraspelter Käse**
- **20 g Butter**

1 Bandnudeln in reichlich kochendes Salzwasser geben, Öl hinzufügen und die Nudeln nach Packungsanleitung bissfest kochen. Die garen Nudeln auf ein Sieb geben, mit kaltem Wasser übergießen und gut abtropfen lassen.

2 Zwiebeln und Knoblauch abziehen und würfeln. Butter oder Margarine zerlassen. Zwiebel- und Knoblauchwürfel darin glasig dünsten lassen. Gehacktes hinzufügen und unter ständigem Rühren darin anbraten, dabei die Fleisch-

(Fortsetzung Seite 102)

klümpchen mit einer Gabel etwas zerdrücken. Mit Salz, Pfeffer, Paprika und Thymian würzen.

3 Tomaten kurze Zeit in kochendes Wasser legen (nicht kochen lassen), in kaltem Wasser abschrecken, enthäuten, halbieren, die Stängelansätze herausschneiden, Tomaten in Stücke schneiden und unter das Gehackte rühren. Mit Salz, Pfeffer und Paprika würzen.

4 Zwei Drittel der Nudeln in eine gefettete Auflaufform füllen, die Hackfleischmasse darauf geben und mit den restlichen Nudeln bedecken. Käse darüber streuen und Butter in Flöckchen darauf setzen. Die Form auf dem Rost in den Backofen schieben.

Ober-/Unterhitze:
180–200 °C (vorgeheizt)
Heißluft: 160–180 °C (vorgeheizt)
Gas: Stufe 3–4 (vorgeheizt)
Backzeit: etwa 30 Min.

Gemüseauflauf

4 Portionen
Zubereitungszeit: 70 Min.

Pro Portion:
E: 22 g, F: 39 g, Kh: 45 g,
kJ: 2694, kcal: 643

- **1 kg mehlig kochende Kartoffeln**
- **200 ml Schlagsahne**
- **Salz**
- **250 g Porree (Lauch)**
- **250 g Auberginen**
- **250 g Zucchini**
- **30 g Butter oder 4 EL Speiseöl**
- **frisch gemahlener Pfeffer**
- **1/2 Bund glatte Petersilie**
- **200 g geriebener, mittelalter Gouda-Käse**
- **2 EL Sonnenblumenkerne**

1 Kartoffeln waschen, schälen, abspülen, in Salzwasser zum Kochen bringen und in 20–25 Minuten gar kochen lassen.

2 Die garen Kartoffeln abgießen, abdämpfen und sofort durch eine Kartoffelpresse geben. Die Kartoffelmasse mit Sahne verrühren und mit Salz abschmecken.

3 Porree putzen, längs halbieren, gründlich waschen und in Streifen schneiden. Auberginen waschen, die Stängelansätze abschneiden und Auberginen in Scheiben schneiden. Zucchini waschen, abtrocknen, die Enden abschneiden und Zucchini in Scheiben schneiden.

4 Butter oder Öl in einer Pfanne zerlassen, das vorbereitete Gemüse darin andünsten, mit Salz und Pfeffer würzen und in eine gefettete Auflaufform geben.

5 Petersilie abspülen, trockentupfen, die Blättchen von den Stängeln zupfen, in Streifen schneiden und darüber streuen. Mit der Hälfte des Goudas bestreuen, die Kartoffelmasse darauf verteilen und mit dem restlichen Gouda und Sonnenblumenkernen bestreuen. Die Form auf dem Rost in den Backofen schieben.

Ober-/Unterhitze:
etwa 200 °C (vorgeheizt)
Heißluft: etwa 180 °C
(nicht vorgeheizt)
Gas: etwa Stufe 4 (nicht vorgeheizt)
Backzeit: 30–35 Min.

Abwandlung:
Für eine nicht-vegetarische Variante können Sie auch anstelle der Auberginenwürfel kleine Bällchen aus gewürztem Schweinemett in den Auflauf geben.

Gefüllte Kartoffeln vom Blech

4 Portionen
Zubereitungszeit: 65 Min.

Pro Portion:
E: 29 g, F: 22 g, Kh: 78 g,
kJ: 2721, kcal: 649

- **8 große Kartoffeln (je 150 g)**
- **4 Vollkornzwiebäcke**
- **4 Tomaten**
- **2 Frühlingszwiebeln**
- **200 g Gouda-Käse**
- **1 Ei**
- **Salz**
- **frisch gemahlener Pfeffer**
- **1 EL gehackte Petersilie**

1 Kartoffeln unter fließendem kalten Wasser gründlich abbürsten, in Salzwasser zum Kochen bringen und in 20–25 Minuten gar kochen lassen.

2 In der Zwischenzeit Zwiebäcke zerbröseln. Dazu die Zwiebäcke in einen Gefrierbeutel geben, den Beutel verschließen und die Zwiebäcke mit einer Teigrolle zerdrücken.

3 Tomaten kurze Zeit in kochendes Wasser legen (nicht kochen lassen), in kaltem Wasser abschrecken, enthäuten, die Stängelansätze herausschneiden, die Tomaten vierteln, entkernen und das Fruchtfleisch würfeln.

4 Frühlingszwiebeln putzen, waschen, halbieren und fein schneiden. Gouda in Würfel schneiden.

5 Ei verquirlen und mit Zwiebackbröseln, Tomatenwürfeln, Frühlingszwiebeln und Gouda vermischen. Mit Salz und Pfeffer würzen und Petersilie unterrühren.

6 Die garen Kartoffeln abgießen, abdämpfen, etwas abkühlen lassen, jeweils einen Deckel abschneiden und die Kartoffeln aushöhlen.

7 Das Kartoffelinnere zerdrücken und unter die Füllung mischen. Die Kartoffeln damit füllen und auf ein gefettetes Backblech setzen. Das Backblech in den Backofen schieben.

Ober-/Unterhitze:
etwa 200 °C (vorgeheizt)
Heißluft: etwa 180 °C (vorgeheizt)
Gas: etwa Stufe 4 (vorgeheizt)
Backzeit: etwa 20 Min.

Abwandlung:
Für eine nicht-vegetarische Variante die Kartoffeln wie oben angegeben kochen und aushöhlen. Die Hälfte der augehöhten Kartoffelmasse mit 150 g TK-Balkangemüse vermischen. 200 g Kochschinken würfeln und unterheben. 250 g Crème fraîche mit 1 Ei und 1 Esslöffel gehackter Petersilie verrühren, mit Salz und frisch gemahlenem Pfeffer abschmecken, mit der Gemüse-Schinken-Masse vermengen, die Kartoffeln damit füllen und wie oben angegeben backen.

Westernauflauf

4 Portionen
Zubereitungszeit: 70 Min.

Pro Portion:
E: 48 g, F: 58 g, Kh: 37 g,
kJ: 3811, kcal: 911

- **500 g Rindergulasch**
- **100 g durchwachsener Speck**
- **1 Gemüsezwiebel**
- **1 grüne Paprikaschote**
- **1 Dose Gemüsemais (Abtropfgewicht 240 g)**
- **1 Dose Kidneybohnen (Abtropfgewicht 250 g)**
- **1 Dose Champignonscheiben (Abtropfgewicht 215 g)**
- **3 EL Speiseöl**
- **Salz**
- **frisch gemahlener Pfeffer**
- **Paprikapulver edelsüß**
- **Cayennepfeffer**
- **2 EL Tomatenmark**
- **1 Dose stückige Tomaten (Einwaage 400 g)**
- **125 ml (1/8 l) Fleischbrühe**
- **75 g geraspelter Käse**
- **40 g Butter**

1 Das Gulasch evtl. unter fließendem kalten Wasser abspülen, trockentupfen und etwas kleiner schneiden. Speck in Würfel schneiden.

2 Gemüsezwiebel abziehen, halbieren und in feine Streifen schneiden. Paprikaschote halbieren, entstielen, entkernen, die weißen Scheidewände entfernen, Schote waschen und in feine Streifen schneiden. Mais, Kidneybohnen und Champignonscheiben auf einem Sieb abtropfen lassen.

3 Öl in einer großen Pfanne oder einem großen Topf erhitzen und den Speck darin auslassen. Das Gulasch darin kurz rundherum anbraten. Zwiebel- und Paprikastreifen hinzufügen und unter Rühren darin andünsten.

4 Mit Salz, Pfeffer, Paprika und Cayennepfeffer bestreuen. Tomatenmark unterrühren. Mais, Kidneybohnen, Champignonscheiben, Tomaten und Brühe unterrühren.

5 Alles in eine große, flache, gefettete Auflaufform geben und mit Käse bestreuen. Die Butter in Flöckchen darauf verteilen. Die Form auf dem Rost in den Backofen schieben.

Ober-/Unterhitze:
etwa 180 °C (vorgeheizt)
Heißluft: etwa 160 °C
(nicht vorgeheizt)
Gas: etwa Stufe 3 (nicht vorgeheizt)
Backzeit: etwa 40 Min.

Tipp

Das Gericht schmeckt auch sehr gut mit Rinderschulter oder Rinderkamm anstelle von Rindergulasch. Der Auflauf wird dadurch sämiger.

Das Gericht kann auch auf der Kochstelle zubereitet werden, es dann bei schwacher Hitze etwa 1 Stunde garen. Zwischendurch umrühren.

Frisch aufgespiesst

Diese Spieße-Variationen, im Backofen übergrillt oder in der Pfanne gebraten, lassen Sie das Ende der Grillsaison vergessen.

Schaschlikspiesse

4 Spieße – 4 Portionen
Zubereitungszeit: 50 Min., ohne Marinierzeit

Pro Portion:
E: 29 g, F: 45 g, Kh: 9 g, kJ: 2470, kcal: 590

Für die Spieße:
- **4 etwas dickere Schweineschnitzel**
- **2 mittelgroße Zwiebeln**
- **1 l kräftige Fleischbrühe**
- **Salz**
- **frisch gemahlener Pfeffer**
- **2 EL Paprikapulver edelsüß**
- **Cayennepfeffer**
- **1 TL Gyrosgewürz**
- **5–6 EL Speiseöl**

Für die Sauce:
- **2 mittelgroße Gewürzgurken**
- **250 g Zigeunersauce (aus dem Glas)**

1 Schnitzel unter fließendem kalten Wasser abspülen, trockentupfen und in etwa 2 cm dicke Streifen schneiden. Zwiebeln abziehen, halbieren und in einzelne Segmente teilen. Die Fleischstücke doppelt legen und abwechselnd mit je 2 Zwiebelsegmenten auf Holzspieße stecken (falls die Fleischstücke zu groß sind, sie zum Aufspießen dreifach legen).

2 Brühe zum Kochen bringen, die Spieße hineingeben und etwa 30 Minuten bei mittlerer Hitze garen. Sie dann herausnehmen und etwas abkühlen lassen.

3 Salz, Pfeffer, Paprika, Cayennepfeffer und Gyrosgewürz mit dem Öl verrühren und die noch warmen Spieße damit bestreichen. Die Spieße einige Stunden durchziehen lassen.

4 Die Spieße in einer Pfanne anbraten und bei mittlerer Hitze in etwa 15 Minuten braun braten.

5 Für die Sauce Gewürzgurken in Stifte schneiden, mit der Zigeunersauce vermischen und erhitzen. Die Sauce zu den Schaschlikspießen servieren.

Nürnberger Bratwurstspiesse mit Sauerkraut

4 Spieße – 4 Portionen
Zubereitungszeit: 45 Min.

Pro Portion:
E: 62 g, F: 44 g, Kh: 13 g,
kJ: 3133, kcal: 749

Für das Sauerkraut:

- **40 g Butter oder Margarine**
- **2 kleine Zwiebeln**
- **1 Dose Sauerkraut mit Ananas (770 g)**
- **Salz**
- **frisch gemahlener Pfeffer**
- **2 Lorbeerblätter**
- **3 Gewürznelken**
- **evtl. etwas Ananassaft**
- **1 Kartoffel**

Für die Spieße:

- **3 kleine Zwiebeln**
- **3 Scheiben Ananas (frisch oder aus der Dose)**
- **16 Nürnberger Bratwürste**
- **3 EL Speiseöl**

1 Für das Sauerkraut Butter oder Margarine zerlassen. Zwiebeln abziehen, in Würfel schneiden und in dem Fett andünsten.

2 Sauerkraut mit der Flüssigkeit hinzufügen und mit Salz und Pfeffer würzen. Lorbeerblätter, Gewürznelken und nach Belieben etwas Ananassaft hinzufügen und das Sauerkraut zugedeckt etwa 25 Minuten garen.

3 Kartoffel waschen, schälen, abspülen und 15 Minuten vor Ende der Garzeit in das Sauerkraut reiben. Nach Beendigung der Garzeit, Lorbeerblätter und Nelken entfernen und das Sauerkraut mit Salz und Pfeffer abschmecken.

4 Für die Spieße Zwiebeln abziehen und vierteln. Ananas in dicke Stücke schneiden. Die beiden Zutaten abwechselnd mit den Nürnberger Bratwürsten auf 4 Holzspieße stecken.

5 Die Spieße mit Öl bestreichen, auf ein mit Alufolie belegtes Backblech legen, das Backblech unter den vorgeheizten Grill schieben und die Spieße 8–10 Minuten grillen, dabei zwischendurch wenden.

6 Das Sauerkraut zu den Spießen servieren.

Tipp

Sie können die Spiesse auch in der Pfanne braten, die Garzeit bleibt dabei gleich. Wer die Zwiebeln etwas weicher mag, kann sie auch etwa 5 Minuten in Wasser vorkochen. Übriggebliebene Ananasscheiben in Stücke schneiden und mit in das Sauerkraut geben.

Beilage:
Kartoffelpüree.

Fetakäse-Gemüse-Spiesse

8 Spieße – 4 Portionen
Zubereitungszeit: 35 Min.

Pro Portion:
E: 11 g, F: 10 g, Kh: 4 g,
kJ: 682, kcal: 163

- **16 Cocktailtomaten**
- **16 mittelgroße Champignons**
- **1 kleines Glas (200 g) Fetakäsewürfel in Öl mit Kräutern**
- **1 mittelgroße Zucchini**

1 Cocktailtomaten waschen und trockentupfen. Champignons putzen, mit Küchenpapier abreiben, evtl. abspülen und abtropfen lassen. Fetakäsewürfel abtropfen lassen, dabei das Öl auffangen.

2 Zucchini waschen, abtrocknen, die Enden abschneiden, die Zucchini quer halbieren und dann längs in etwa 24 sehr dünne Scheiben schneiden (am besten mit Hilfe eines Sparschälers).

3 Die Fetakäsewürfel mit je einer Zucchinischeibe umwickeln (ergibt etwa 24 Stück).

4 Je 2 Cocktailtomaten, 2 Champignons und 4 Zucchinipäckchen abwechselnd auf jeden Holzspieß stecken.

5 Die Spieße mit dem aufgefangenen Öl des Fetakäses bestreichen, auf ein mit Alufolie belegtes Backblech legen, das Backblech unter den vorgeheizten Grill schieben und 6–8 Minuten grillen. Zwischendurch wenden und evtl. nochmals mit dem Öl einstreichen.

Tipp

Sie können die Spiesse auch bei schwacher Hitze 6–8 Minuten in der Pfanne braten.

- **Beilage:**

Fladenbrot.

Kartoffelspiesse mit Bacon

4 Spieße – 4 Portionen
Zubereitungszeit: 50 Min.

Pro Portion:
E: 21 g, F: 46 g, Kh: 43 g,
kJ: 2900, kcal: 692

Für die Kartoffelspieße:

- **etwa 16 kleine, fest kochende Kartoffeln**
- **8 Scheiben Bacon (Frühstücksspeck)**
- **1 Gemüsezwiebel**

Für den Paprikaquark:

- **250 g Magerquark**
- **3 Knoblauchzehen**
- **Salz, Pfeffer**
- **1 kleine, rote Paprikaschote**

1 Für die Kartoffelspieße Kartoffeln waschen, in Wasser zum Kochen bringen, in 20–25 Minuten gar kochen lassen, abgießen, abdämpfen, abkühlen lassen und pellen.

2 Speckscheiben quer halbieren. Gemüsezwiebel abziehen,

(Fortsetzung Seite 114)

vierteln, in Salzwasser 2–3 Minuten kochen und auf einem Sieb abtropfen und abkühlen lassen.

3 Jede Kartoffel mit je ½ Baconscheibe umwickeln und abwechselnd mit einigen Zwiebelsegmenten auf 4 Holzspieße stecken.

4 Die Spieße auf ein mit Alufolie belegtes Backblech legen, das Backblech unter den vorgeheizten Grill schieben und die Spieße etwa 10 Minuten grillen, bis der Bacon goldgelb und knusprig ist.

5 Für den Paprikaquark Quark in eine Schüssel geben. Knoblauch abziehen und zu dem Quark pressen. Salz und Pfeffer zugeben und alles gut verrühren.

6 Paprikaschote halbieren, entstielen, entkernen, die weißen Scheidewände entfernen, die Schote waschen, in kleine Würfel schneiden und unter den Quark rühren. Den Quark zu den Kartoffelspießen servieren.

Wurstspiesse mit Maiskrusteln

4 Spieße – 4 Portionen
Zubereitungszeit: 30 Min.

Pro Portion:
E: 37 g, F: 48 g, Kh: 24 g, kJ: 2988, kcal: 715

Für die Wurstspieße:
- **2 Tomaten**
- **2 Zwiebeln**
- **2 Gewürzgurken**
- **4 Wiener Würstchen**
- **2 EL Speiseöl**

Für die Maiskrusteln:
- **1 Dose Gemüsemais (Abtropfgewicht 285 g)**
- **50 g Weizenvollkornmehl**
- **2 Eier**
- **Salz**
- **frisch gemahlener Pfeffer**

- **4 EL Speiseöl**

1 Für die Wurstspieße Tomaten waschen, achteln, Stängelansätze herausschneiden und Tomaten entkernen. Zwiebeln abziehen und achteln. Gewürzgurken und Würstchen in dicke Scheiben schneiden.

2 Die Zutaten abwechselnd auf Spieße stecken und mit Öl bestreichen. Die Spieße auf ein mit Alufolie belegtes Backblech legen, das Backblech unter den vorgeheizten Grill schieben und die Spieße 5–10 Minuten grillen. Die Spieße zwischendurch einmal wenden.

3 Für die Maiskrusteln Mais auf einem Sieb gut abtropfen lassen. Mehl und Eier verrühren, Mais untermischen und mit Salz und Pfeffer würzen.

4 Öl in einer Pfanne erhitzen und darin portionsweise bei mittlerer Hitze etwa 12 puffergroße Plätzchen von beiden Seiten goldbraun braten. Die fertigen Maiskrusteln warm stellen.

5 Die Maiskrusteln zu den Wurstspießen servieren.

Marinierte Putenspiesse

8 Spieße – 4 Portionen
Zubereitungszeit: 25 Min., ohne Marinierzeit

Pro Portion:
E: 51 g, F: 15 g, Kh: 6 g, kJ: 1641, kcal: 392

- **800 g Putenbrustfilets**
- **frisch gemahlener Pfeffer**
- **4–6 EL Sojasauce**
- **3–4 EL Wasser**
- **1 EL Honig**
- **4 EL Sojaöl**

1 Putenbrustfilets unter fließendem kalten Wasser abspülen, trockentupfen und von der längeren Seite aus in sehr dünne Scheiben schneiden. Die Fleischscheiben wellenförmig auf 8 Holzspieße stecken.

2 Pfeffer mit Sojasauce, Wasser, Honig und Sojaöl verrühren und die Spieße darin etwa 2 Stunden marinieren, zwischendurch wenden.

3 Die Spieße auf ein mit Alufolie belegtes Backblech legen, das Backblech unter den vorgeheizten Grill schieben, die Spieße 6–8 Minuten grillen. Die Spieße zwischendurch einmal wenden und nochmals mit der Marinade bestreichen.

Scharfe Ananasspiesse

4 Spieße – 4 Portionen
Zubereitungszeit: 40 Min., ohne Durchziehzeit

Pro Portion:
E: 30 g, F: 28 g, Kh: 21 g, kJ: 2072, kcal: 494

Für die Sauce:
- **1 kleine Ananas**
- **200 ml Schlagsahne**
- **4 EL weißer Rum**
- **1 Chilischote**

Für die Spieße:
- **500 g Schweinefilet**
- **1 kleines Glas Perlzwiebeln (Abtropfgewicht 145 g)**
- **3 EL Speiseöl**
- **Salz**
- **½ TL Cayennepfeffer**
- **1 TL Currypulver**

1 Für die Sauce von der Ananas Blattkrone und Stängelansatz abschneiden, die Ananas schälen, längs vierteln, den harten Innenkern herausschneiden, zwei Ananasviertel fein würfeln.

2 Sahne mit den Ananaswürfeln unter Rühren zu einer sämigen Sauce einkochen lassen, 2 Esslöffel Rum unterziehen und die Ananassauce erkalten lassen.

3 Die restlichen Ananasviertel in etwa 2 cm dicke Stücke schneiden. Chilischote halbieren, entkernen, fein hacken, mit dem restlichen Rum und Ananasstücken vermengen, etwa 30 Minuten durchziehen lassen.

4 Für die Spieße Schweinefilet kalt abspülen, trockentupfen und in 1 cm dicke Scheiben schneiden. Perlzwiebeln abtropfen lassen. Perlzwiebeln, Ananasstücke und Fleischscheiben abwechselnd auf 4 Holzspieße stecken.

5 Öl mit Salz, Currypulver und Cayennepfeffer verrühren und die Spieße damit bestreichen. Die Spieße auf ein mit Alufolie belegtes Backblech legen, das Backblech unter den vorgeheizten Grill schieben und die Spieße etwa 10 Minuten grillen, dabei zwischendurch wenden und mehrmals mit dem Öl bestreichen.

Roastbeefspiesse mit Zwiebelmus und Tomatensauce

4 Spieße – 4 Portionen
Zubereitungszeit: 60 Min.

Pro Portion:
E: 29 g, F: 95 g, Kh: 15 g,
kJ: 4547, kcal: 1085

Für die Spieße:

- **2 Rumpsteaks (je 240 g)**
- **240 g durchwachsener Speck**
- **1 rote Paprikaschote**
- **1 grüne Paprikaschote**
- **2 mittelgroße, rote Zwiebeln**
- **4 EL Speiseöl**
- **Salz**
- **frisch gemahlener Pfeffer**
- **Paprikapulver edelsüß**

Für das Zwiebelmus:

- **2 mittelgroße, rote Zwiebeln**
- **2 EL Speiseöl**
- **5 EL trockener Rotwein**
- **etwas Zucker**

Für die Tomatensauce:

- **1 geh. EL Zucker**
- **5 EL Wasser**
- **2 TL Essig**
- **4 EL Tomatenketchup**
- **1 Becher (150 g) Crème fraîche**

1 Für die Spieße Rumpsteaks unter fließendem kalten Wasser abspülen, trockentupfen, der Länge nach einmal durchschneiden und in etwa 2 cm große Stücke schneiden. Speck in 1 cm dicke Scheiben in der Größe der Fleischwürfel schneiden.

2 Paprikaschoten halbieren, entstielen, entkernen, die weißen Scheidewände entfernen, Schoten waschen und in Stücke schneiden. Zwiebeln abziehen und vierteln.

3 Paprika und Zwiebeln in kochendes Wasser geben, etwa 5 Minuten kochen lassen, abgießen, kurz in kaltes Wasser geben und gut abtropfen lassen. Die Zwiebeln in Segmente teilen. Die vorbereiteten Zutaten abwechselnd auf 4 Spieße stecken.

4 Öl mit Salz, Pfeffer und Paprika verrühren und die Spieße damit bestreichen. Die Spieße in einer erhitzten Pfanne rundherum kurz anbraten. Etwas Wasser hinzufügen und die Spieße 10–12 Minuten garen. Die garen Spieße herausnehmen und warm stellen.

5 Für das Zwiebelmus Zwiebeln abziehen, halbieren und in Streifen schneiden. Öl zu dem Spieß-Bratfett in die Pfanne geben und die Zwiebeln darin gar dünsten. Rotwein hinzufügen und einmal aufkochen lassen. Die Zwiebeln pürieren und mit Salz, Pfeffer, Paprika und Zucker abschmecken.

6 Für die Tomatensauce Zucker und Wasser in einem kleinen Topf gut aufkochen lassen. Essig und Ketchup hinzufügen und abkühlen lassen. Crème fraîche unterrühren und die Sauce evtl. mit den Gewürzen abschmecken.

7 Zwiebelmus und Tomatensauce zu den Spießen servieren.

Würstchenspiesse auf Pusztagemüse

8 Spieße – 4 Portionen
Zubereitungszeit: 40 Min.

Pro Portion:
E: 52 g, F: 65 g, Kh: 15 g,
kJ: 3775, kcal: 902

Für das Pusztagemüse:

- **400 g Zwiebeln**
- **1 rote Paprikaschote (etwa 250 g)**
- **1 grüne Paprikaschote (etwa 250 g)**
- **2 mittelgroße Tomaten**
- **4 Gewürzgurken**
- **4 EL Speiseöl**
- **Salz**
- **frisch gemahlener Pfeffer**
- **1 TL Paprikapulver rosenscharf**
- **1 EL Paprikapulver edelsüß**
- **2 EL Tomatenmark**
- **evtl. etwas Wasser**

Für die Würstchenspieße:

- **1 kleine Gemüsezwiebel**
- **4 verschiedene, vorgebrühte Bratwürste, z. B. Geflügelwürstchen, Kräuterwürstchen**
- **4 Scheiben durchwachsener Speck (etwa 1/2 cm dick)**
- **2–3 Gewürzgurken**
- **2–3 EL Speiseöl**
- **1 TL Paprikapulver edelsüß**

1 Für das Pusztagemüse Zwiebeln abziehen, halbieren und in Scheiben schneiden. Paprikaschoten halbieren, entstielen, entkernen, die weißen Scheidewände entfernen, die Schoten waschen und in Streifen schneiden.

2 Tomaten kurze Zeit in kochendes Wasser legen (nicht kochen lassen), in kaltem Wasser abschrecken, enthäuten, die Stängelansätze herausschneiden und Tomaten in dünne Spalten schneiden. Gewürzgurken in Streifen schneiden.

3 Öl erhitzen, Zwiebelscheiben und Paprikastreifen darin andünsten. Salz, Pfeffer, beide Paprikapulversorten und Tomatenmark kurz mit andünsten. Tomatenspalten und Gurkenstreifen unterrühren, evtl. etwas Wasser hinzufügen und alles etwa 5 Minuten kochen lassen.

4 Für die Würstchenspieße Gemüsezwiebel abziehen, vierteln und in Segmente teilen. Bratwürste, Speck und Gewürzgurken in 2 cm lange Stücke schneiden. Die vorbereiteten Zutaten abwechselnd auf 8 Spieße stecken.

5 Öl und Paprika verrühren, die Spieße damit bestreichen, auf ein mit Alufolie belegtes Backblech legen, das Backblech unter den vorgeheizten Grill schieben und die Spieße etwa 10 Minuten grillen. Zwischendurch wenden und nochmals mit dem Paprikaöl bestreichen.

6 Die Spieße mit dem Gemüse anrichten.

Beilage:

Reis.

Schlemmer-Fischspiesse

Foto – 4 Spieße – 4 Portionen
Zubereitungszeit: 25 Min.

Pro Portion:
E: 32 g, F: 28 g, Kh: 4 g,
kJ: 1771, kcal: 423

- **250 g Rotbarschfilet**
- **8 ausgelöste Riesenscampi**
- **1 rote Paprikaschote**
- **1 Zucchini (etwa 250 g)**
- **1 Knoblauchzehe**
- **8 EL Speiseöl**
- **2 EL Sojasauce**
- **Kräuter der Provence**
- **frisch gemahlener Pfeffer**

1 Rotbarschfilet unter fließendem kalten Wasser abspülen, trockentupfen und in mundgerechte Stücke schneiden. Scampi abspülen und trockentupfen.

2 Paprika halbieren, entstielen, entkernen, die weißen Scheidewände entfernen, Schote waschen und in mundgerechte Stücke schneiden. Zucchini waschen, die Enden abschneiden, Zucchini in nicht zu dünne Scheiben schneiden. Die vorbereiteten Zutaten abwechselnd auf 4 Spieße stecken.

3 Knoblauch abziehen, durch die Presse drücken und mit Öl, Sojasauce, Kräutern der Provence und Pfeffer verrühren und die Spieße damit bestreichen.

4 Die Spieße auf ein mit Alufolie belegtes Backblech legen, das Backblech unter den vorgeheizten Grill schieben und die Spieße 6–8 Minuten grillen. Die Spieße dabei mehrmals wenden und mit der Ölmischung bestreichen.

Kartoffelspiesse mit Zwiebeln

8 Spieße – 4 Portionen
Zubereitungszeit: 30 Min.

Pro Portion:
E: 8 g, F: 44 g, Kh: 31 g,
kJ: 2384, kcal: 569

Für die Spieße:

- **800 g kleine Kartoffeln (etwa 24 Stück)**
- **160 g durchwachsener Speck**
- **4 Frühlingszwiebeln**
- **6 EL Olivenöl**
- **1 TL gerebelter Rosmarin**
- **Salz**

1 Für die Spieße Kartoffeln waschen, gründlich abbürsten, in Wasser zum Kochen bringen und etwa 10 Minuten kochen lassen. Die Kartoffeln abgießen und abdämpfen.

2 Speck in etwa 2 cm große Stücke schneiden. Frühlingszwiebeln putzen, waschen, das Grün bis auf etwa 15 cm abschneiden. Frühlingszwiebeln in je 4 Stücke schneiden. Kartoffeln, Speck und Frühlingszwiebeln abwechselnd auf 8 Spieße stecken. Spieße mit etwas von dem Öl bestreichen.

3 Die Spieße auf ein mit Alufolie belegtes Backblech legen, das Backblech unter den vorgeheizten Grill schieben und die Spieße etwa 10 Minuten grillen. Die Spieße zwischendurch wenden und mit Öl bestreichen. Kurz vor Ende der Grillzeit das restliche Öl mit Rosmarin und Salz verrühren, die Spieße damit bestreichen, noch kurz weitergrillen.

- **Beilage:**

Quarkdip aus 250 g Magerquark, 125 ml (1/8 l) Schlagsahne, Salz, Pfeffer und dem klein geschnittenen Frühlingszwiebelgrün.

Bunte Gemüsespiesse

8 Stück – 4 Portionen
Zubereitungszeit: 30 Min.

Pro Portion:
E: 11 g, F: 20 g, Kh: 7 g,
kJ: 1091, kcal: 261

- **350 g Broccoli**
- **1 Gemüsezwiebel**
- **Salzwasser**
- **250 g Champignons**
- **1 mittelgroße Zucchini (etwa 250 g)**
- **4 EL Olivenöl**
- **Salz**
- **frisch gemahlener Pfeffer**
- **100 g geraspelter Pizza-Käse**

1 Broccoli putzen, waschen und in Röschen teilen. Gemüsezwiebel abziehen, vierteln, mit den Broccoliröschen in kochendes Salzwasser geben, 3–4 Minuten kochen und auf einem Sieb abtropfen lassen.

2 Champignons putzen, mit Küchenpapier abreiben und evtl. abspülen. Große Pilze evtl. halbieren. Zucchini waschen, abtrocknen, die Enden abschneiden und Zucchini in etwa 2 cm dicke Scheiben schneiden. Die Scheiben halbieren.

3 Öl erhitzen, Champignons und Zucchini darin kurz anbraten und mit Salz und Pfeffer würzen.

4 Die vorbereitenen Zutaten abwechselnd auf Holzspieße stecken und auf ein mit Alufolie belegtes Backblech legen, unter dem vorgeheizten Grill 6–8 Minuten grillen, zwischendurch wenden.

5 2–3 Minuten vor Ende der Grillzeit die Spieße mit Käse bestreuen und noch so lange grillen, bis der Käse anfängt zu verlaufen.

Beilage:
Crème-fraîche-Dip aus 1 Becher (125 g) Crème fraîche mit frischen Kräutern, 150 g Naturjoghurt und 1–2 Esslöffeln gehackten Kräutern.

Puten-Curry-Spiesse

8 Stück – 4 Portionen
Zubereitungszeit: 25 Min.

Pro Portion:
E: 38 g, F: 20 g, Kh: 33 g,
kJ: 2113, kcal: 505

- **600 g Putenbrustfilet**
- **1 kleine Dose Aprikosen (Abtropfgewicht 240 g)**
- **etwa 16 Trockenpflaumen**
- **6 EL Speiseöl**
- **2 gestr. EL Currypulver**
- **evtl. Kokosraspel**
- **Salz**
- **frisch gemahlener Pfeffer**

1 Putenbrustfilet unter fließendem kalten Wasser abspülen, trockentupfen und in etwa 24 Stücke schneiden.

2 Die Aprikosen auf einem Sieb abtropfen lassen. Fleischstücke, Aprikosen und Trockenpflaumen abwechselnd auf 8 Holzspieße stecken.

3 Öl mit Currypulver verrühren, die Spieße damit bestreichen und auf ein mit Alufolie belegtes Backblech legen. Das Backblech unter den vorgeheizten Grill schieben, die Spieße etwa 8 Minuten grillen, dabei zwischendurch wenden und mit dem Curryöl bestreichen. Nach Belieben mit Kokosraspel bestreuen und kurz übergrillen.

4 Die garen Spieße mit Salz und Pfeffer bestreuen.

Aus der Salatschüssel

Ob als Beilage oder Hauptgericht, hier finden Sie Salate für jede Gelegenheit und jeden Geschmack.

Nudel-Pesto-Salat

4 Portionen
Zubereitungszeit: 20 Min., ohne Durchziehzeit

Pro Portion:
E: 14 g, F: 42 g, Kh: 45 g, kJ: 2693, kcal: 643

- **250 g Schmetterlingsnudeln (Farfalle)**
- **Salzwasser**
- **2 EL Olivenöl**
- **etwa 150 g Basilikum-Pesto (fertig gekauft)**
- **5 Tomaten**
- **3 EL Olivenöl**
- **Salz**
- **frisch gemahlener Pfeffer**

1 Nudeln in reichlich kochendes Salzwasser geben, Öl hinzufügen und die Nudeln nach Packungsanleitung bissfest kochen. Die garen Nudeln auf ein Sieb geben, mit kaltem Wasser übergießen, gut abtropfen lassen und sofort mit dem Pesto vermischen.

2 Tomaten kurze Zeit in kochendes Wasser legen (nicht kochen lassen), in kaltem Wasser abschrecken, enthäuten, die Stängelansätze herausschneiden, Tomaten entkernen und in Streifen schneiden.

3 Die Tomatenstreifen mit Öl unter die Nudel-Pesto-Mischung rühren, mit Salz und Pfeffer würzen und bis zum Verzehr etwas durchziehen lassen.

Tipp

Sie können den Salat ganz einfach verändern, indem Sie zusätzlich noch schwarze Oliven, in Streifen geschnittenen gekochten Schinken, Rucola oder Fetakäsewürfel unterheben.

Schichtsalat mit Thunfischsauce

4–6 Portionen
Zubereitungszeit: 15 Min.

Pro Portion:
E: 12 g, F: 26 g, Kh: 7 g,
kJ: 1379, kcal: 329

Für die Salatsauce:

- **1 Glas (150 g) Thunfisch-Filet in Olivenöl**
- **4 EL Naturjoghurt**
- **6–8 EL Gemüsebrühe**
- **4–5 EL Olivenöl**
- **2–4 TL Zitronensaft**
- **Salz**
- **frisch gemahlener Pfeffer**

- **1 Pck. (200 g) gemischter Blattsalat, z. B. Lollo Rosso, Radicchio, Endiviensalat (aus der Kühltheke)**
- **½ Salatgurke (etwa 250 g)**
- **1 kleine Dose Gemüsemais (Abtropfgewicht 115 g)**
- **3 Tomaten**
- **2–3 hart gekochte Eier**
- **evtl. 1 EL Kapern**

Beilage:
Fladenbrot.

1 Für die Salatsauce Thunfisch mit dem Öl aus dem Glas, Joghurt, Brühe, Öl und Zitronensaft pürieren und mit Salz und Pfeffer kräftig abschmecken.

2 Den gemischten Blattsalat evtl. waschen und gut abtropfen lassen. Gurke waschen, längs halbieren und in Scheiben schneiden. Mais auf einem Sieb abtropfen lassen.

3 Tomaten waschen, die Stängelansätze entfernen und Tomaten in Scheiben schneiden. Eier pellen und in Scheiben schneiden.

4 Die vorbereiteten Zutaten in eine Glasschüssel schichten (die erste und die letzte Schicht sollte Blattsalat sein), dabei die Schichten nach Belieben mit Pfeffer und Salz bestreuen und jeweils etwas von der Sauce darauf verteilen. So fortfahren, bis die Salatzutaten verbraucht sind. Die restliche Sauce darauf verteilen.

5 Nach Belieben Kapern abtropfen lassen, hacken und auf den Salat geben.

Tipp

Der Salat kann auch schon einen Tag vor dem Verzehr zubereitet werden, dann die einzelnen Schichten nicht würzen. Den Salat mit Klarsichtfolie zudecken und kalt stellen.
Sie können nach Belieben auch zusätzlich in Streifen geschnittenen Bratenaufschnitt oder gekochten Schinken mit einschichten.
Anstelle des Thunfischfilets in Olivenöl können Sie auch 1 Dose Thunfisch in Öl (180 g) verwenden.

Tzatziki-Kartoffelsalat

4 Portionen
Zubereitungszeit: 25 Min., ohne Durchziehzeit

Pro Portion:
E: 13 g, F: 7 g, Kh: 29 g, kJ: 1038, kcal: 247

- **600 g fest kochende Kartoffeln**
- **250 g Tzatziki (fertig gekauft)**
- **½ Salatgurke (etwa 300 g)**
- **Salz**
- **2 kleine Zwiebeln**
- **2–3 Knoblauchzehen**
- **etwa 15 entsteinte, schwarze Oliven**
- **100 g Schafskäse**
- **frisch gemahlener Pfeffer**

1 Kartoffeln waschen, zugedeckt in Wasser zum Kochen bringen und in 20–25 Minuten gar kochen lassen. Die garen Kartoffeln abgießen, abschrecken, etwas abkühlen lassen, pellen und erkalten lassen.

2 Die kalten Kartoffeln in dünne Scheiben schneiden, mit dem Tzatziki vermengen und etwas durchziehen lassen.

3 Die Gurke waschen, die Enden abschneiden, die Gurke grob raspeln, mit Salz bestreuen und etwa 15 Minuten stehen lassen.

4 Zwiebeln und Knobauch abziehen, in Würfel schneiden und unter die Kartoffeln heben. Oliven in Streifen und Schafskäse in Würfel schneiden.

5 Die Gurkenraspel gut ausdrücken, mit Oliven und Schafskäse unter den Salat heben und den Salat mit Salz und Pfeffer abschmecken.

Tipp

Wenn Sie kein gekauftes Tzatziki verwenden wollen, können Sie die Zwiebel- und Knoblauchwürfel in 100 ml kochende, kräftige Gemüsebrühe geben und 2–3 Minuten kochen lassen. Dann alles über die vorbereiteten Kartoffelscheiben geben und etwas durchziehen lassen. Oliven, Schafskäse und gut ausgedrückte Gurkenraspel mit 150 g Naturjoghurt (oder halb Joghurt, halb Créme fraîche) unterrühren und den Salat mit Salz und Pfeffer abschmecken.

Beilage:
Fladenbrot.

Kabeljausalat

Foto – 4 Portionen
Zubereitungszeit: 40 Min., ohne Durchziehzeit

Pro Portion:
E: 18 g, F: 26 g, Kh: 2 g, kJ: 1399, kcal: 334

- **400 g Kabeljaufilet**
- **Salzwasser**
- **2 EL Weißweinessig**
- **8 EL Speiseöl**
- **2 EL Sherry**
- **Salz**
- **frisch gemahlener Pfeffer**
- **2 EL gehackter Dill**
- **120 g Paprikawürfel (rot, grün, gelb)**
- **40 g Olivenscheiben**
- **einige Salatblätter und Dillzweige zum Garnieren**

1 Kabeljaufilet kurz kalt abspülen, trockentupfen, in grobe Würfel schneiden und in Salzwasser 2 Minuten blanchieren. Die Fischwürfel vorsichtig aus der Flüssigkeit nehmen, abtropfen lassen und kalt stellen.

2 Essig, Öl und Sherry miteinander verrühren und mit Salz und Pfeffer würzen. Dill unterrühren.

3 Paprikawürfel und Olivenscheiben in die Marinade geben und etwas durchziehen lassen.

4 Die erkalteten Fischwürfel vorsichtig unterheben. Den Kabeljausalat auf Salatblättern anrichten und mit Dillzweigen garnieren.

Hexensalat

4 Portionen
Zubereitungszeit: 30 Min., ohne Durchziehzeit

Pro Portion:
E: 21 g, F: 42 g, Kh: 8 g, kJ: 2162, kcal: 517

- **500 g Fleischwurst (im Stück)**
- **4 Gewürzgurken**
- **2–3 rote Zwiebeln**
- **4 Tomaten**
- **3 EL Speiseöl**
- **2 EL Essig**
- **4 EL Zigeunersauce (aus der Flasche)**
- **1 TL Senf**
- **Salz**
- **frisch gemahlener Pfeffer**
- **etwas Zucker**
- **2–3 EL gehackte Petersilie**

- **1 geh. TL Kapern**

1 Fleischwurst enthäuten und in dünne Scheiben oder Streifen schneiden. Gewürzgurken in Streifen schneiden. Zwiebeln abziehen, halbieren und längs in Scheiben schneiden.

2 Tomaten kurze Zeit in kochendes Wasser legen (nicht kochen lassen), in kaltem Wasser abschrecken, enthäuten, die Stängelansätze herausschneiden und die Tomaten achteln.

3 Öl mit Essig, Zigeunersauce und Senf verrühren, mit Salz, Pfeffer und Zucker würzen. Die Petersilie unterrühren. Die Sauce mit den Salatzutaten vermengen und etwas durchziehen lassen.

4 Den Salat vor dem Servieren evtl. mit Salz, Pfeffer und Zucker abschmecken und mit Kapern bestreut servieren.

Käsesalat

Foto – 4 Portionen
Zubereitungszeit: 20 Min., ohne Durchziehzeit

Pro Portion:
E: 17 g, F: 29 g, Kh: 9 g, kJ: 1614, kcal: 386

- **200 g junger Gouda, in Scheiben**
- **1 Bund Radieschen**
- **1 säuerlicher Apfel**
- **2 hart gekochte Eier**
- **3 Cornichons (kleine Gewürzgurken)**

Für die Salatsauce:

- **1 Becher (150 g) Crème fraîche**
- **1 EL Senf**
- **6 EL Cornichonflüssigkeit**
- **Salz**
- **etwas Zucker**
- **frisch gemahlener Pfeffer**
- **1 EL gemischte, gehackte Kräuter**

1 Die Käsescheiben in kleine Quadrate schneiden. Radieschen putzen, waschen und in Scheiben schneiden. Apfel schälen, vierteln, entkernen und würfeln. Eier pellen und in Scheiben schneiden. Cornichons in Scheiben schneiden.

2 Für die Salatsauce Crème fraîche mit Senf, Cornichonflüssigkeit, Salz, Zucker, Pfeffer und Kräutern verrühren, vorsichtig mit den vorbereiteten Salatzutaten vermengen und einige Zeit durchziehen lassen.

3 Den Salat vor dem Servieren evtl. nochmals durchrühren mit den Gewürzen abschmecken.

Risi-Bisi-Salat

4 Portionen
Zubereitungszeit: 30 Min.

Pro Portion:
E: 9 g, F: 16 g, Kh: 61 g, kJ: 1783, kcal: 425

- **2 Zwiebeln**
- **1 Bund Radieschen**
- **1 Dose Gemüsemais (Abtropfgewicht 265 g)**
- **250 g TK-Erbsen**
- **Salzwasser**
- **200 g gekochter Langkornreis**
- **Salz, Honig**
- **frisch gemahlener Pfeffer**
- **5 EL Apfelessig**
- **5 EL Maiskeimöl**
- **1 EL gehackte Petersilie**

1 Zwiebeln abziehen und fein würfeln. Radieschen putzen, waschen und in feine Scheiben schneiden.

2 Mais auf einem Sieb abtropfen lassen. Erbsen in kochendes Salzwasser geben und etwa 8 Minuten kochen lassen. Die Erbsen abgießen, in kaltem Wasser abschrecken und gut abtropfen lassen. Mais und Erbsen unter den Reis heben. Mit Salz, Honig und Pfeffer nach Geschmack würzen.

3 Essig mit Öl verrühren und über den Salat geben. Den Salat mit Petersilie bestreuen.

Tipp
Dieser Salat eignet sich hervorragend zur Verwertung von Reisresten vom Vortag.

Thunfisch-Reis-Salat

4 Portionen
Zubereitungszeit: 40 Min., ohne Durchziehzeit

Pro Portion:
E: 20 g, F: 52 g, Kh: 36 g, kJ: 2983, kcal: 712

- **150 g Langkornreis**
- **1 l Salzwasser**
- **2 Zwiebeln**
- **2 Knoblauchzehen**
- **1 rote Paprikaschote**
- **1 grüne Paprikaschote**
- **1 Zucchini (250 g)**
- **4 EL Olivenöl**
- **Salz**
- **frisch gemahlener Pfeffer**
- **2 Dosen Thunfisch in Öl (je 180 g)**

Für die Salatsauce:

- **3 EL Weißweinessig**
- **1 TL Zucker**
- **4 EL Wasser**
- **4 EL Olivenöl**

1 Den Reis in Salzwasser in etwa 20 Minuten gar kochen. Ihn dann abtropfen und abkühlen lassen.

2 Zwiebeln und Knoblauch abziehen und fein hacken. Paprika halbieren, entstielen, entkernen, die weißen Scheidewände entfernen, die Schoten waschen und in kleine Würfel schneiden. Zucchini waschen, abtrocknen, die Enden abschneiden und Zucchini in Würfel schneiden.

3 Öl in einer Pfanne erhitzen. Die Zucchiniwürfel darin andünsten. Knoblauch- und Zwiebelwürfel hinzufügen, kurz mitdünsten und abkühlen lassen.

4 Reis und Paprikawürfel mit der Zucchini-Zwiebel-Masse in einer Salatschüssel mischen und mit Salz und Pfeffer würzen. Thunfisch auf einem Sieb abtropfen lassen, zerpflücken und unter die Reis-Gemüse-Mischung heben.

5 Für die Salatsauce Essig mit Zucker, Salz und Pfeffer verrühren. Wasser und Öl unterrühren. Die Sauce mit den Salatzutaten mischen und etwas durchziehen lassen. Nach Bedarf nochmals mit den Gewürzen abschmecken.

Abwandlung:

Für einen **indischen Reissalat** den Reis wie oben angegeben zubereiten. 2 rote Paprikaschoten halbieren, entstielen, entkernen, die weißen Scheidewände entfernen, Schoten waschen und in Würfel schneiden. 4 Scheiben Ananas (frisch oder aus der Dose) in kleine Stücke schneiden und mit Reis und Paprika in eine Schüssel geben. Eine Sauce aus 300 g saurer Sahne, 3–4 Teelöffeln Currypulver, 1 Prise Salz, Pfeffer und etwas gemahlenem Ingwer zubereiten und mit den Salatzutaten vermengen. Den Salat mit 4 Esslöffeln abgezogenen, gestiftelten Mandeln bestreuen.

Tassensalat

4 Portionen
Zubereitungszeit: 25 Min., ohne Durchziehzeit

Pro Portion:
E: 8 g, F: 15 g, Kh: 12 g, kJ: 925, kcal: 221

- **1 Tasse gewürfelte Äpfel (entspricht etwa 2 kleinen Äpfeln)**
- **1 Tasse gewürfelte Gewürzgurken (entspricht etwa 2 großen Gewürzgurken)**
- **1 Tasse gewürfelte Ananas (aus der Dose, entspricht etwa 3 Ringen)**
- **1 Tasse gewürfelte Zwiebeln (entspricht etwa 2 Stück)**
- **1 Tasse Selleriestreifen (aus dem Glas, entspricht etwa 100 g)**
- **1 Tasse Fleischsalat (fertig gekauft, etwa 125 g)**
- **1 Tasse Schlagsahne (entspricht etwa 140 ml)**
- **Salz**
- **frisch gemahlener Pfeffer**
- **Currypulver**
- **etwas Gewürzgurkenflüssigkeit**

1 Die Salatzutaten vorbereiten, abmessen und in einer Schüssel gut vermischen. Mit Salz, Pfeffer, Curry und etwas Gewürzgurkenflüssigkeit würzen und gut durchziehen lassen.

2 Den Salat evtl. vor dem Servieren nochmals mit den Gewürzen abschmecken.

Heringssalat

6 Portionen
Zubereitungszeit: 30 Min., ohne Gar- und Durchziehzeit

Pro Portion:
E: 8 g, F: 22 g, Kh: 24 g, kJ: 1419, kcal: 339

- **2 dicke Rote Bete**
- **etwa 12 Matjesfilets**
- **3 mittelgroße Gewürzgurken**
- **2 mittelgroße Äpfel**

Für die Salatsauce:

- **150 ml Himbeersirup**
- **Saft von 1 Zitrone**
- **75 ml Weißweinessig**
- **75 ml Speiseöl**
- **Salz**
- **frisch gemahlener Pfeffer**

1 Rote Bete waschen, putzen, in Wasser zum Kochen bringen und in 1–1½ Stunden gar kochen. Die Rote Bete in dem Wasser abkühlen lassen. Sie dann schälen und in kleine Würfel schneiden.

2 Matjesfilets evtl. wässern und klein würfeln. Gewürzgurken in Würfel schneiden. Äpfel schälen, vierteln, entkernen und würfeln.

3 Für die Salatsauce Himbeersirup, Zitronensaft, Essig, Öl, Salz und Pfeffer gut verrühren, mit den Salatzutaten gut vermischen und mehrere Stunden durchziehen lassen. Den Salat evtl. nochmals mit den Gewürzen abschmecken.

Tipp

Sie können den Heringssalat auch portionsweise einfrieren.

Der süsse Abschluss

Was gibt es Schöneres als ein köstliches Dessert zum krönenden Abschluss nach dem Essen?

Preiselbeer-Schichtdessert

4 Portionen
Zubereitungszeit: 25 Min., ohne Durchziehzeit

Pro Portion:
E: 8 g, F: 47 g, Kh: 79 g, kJ: 3455, kcal: 826

- **150 g Schwarzbrot**
- **100 g geriebene Zartbitterschokolade**
- **50 g Rohrzucker**
- **50 ml Rum**
- **500 ml (1/2 l) Schlagsahne**
- **1 Pck. Vanillin-Zucker**
- **2 Pck. Sahnesteif**
- **3/4 Glas (etwa 250 g) Preiselbeerkompott**

1 Schwarzbrot fein zerkrümeln und mit Schokolade, Rohrzucker und Rum gut vermischen. Sahne mit Vanillin-Zucker und Sahnesteif steif schlagen.

2 Den Boden einer hohen Glasschüssel mit etwa der Hälfte der Schwarzbrotmischung bedecken. Erst die Hälfte der Preiselbeeren, dann die Hälfte der Sahne einschichten, dann wieder Schwarzbrotmischung usw. So lange fortfahren, bis die Zutaten verbraucht sind. Die oberste Schicht sollte aus Sahne bestehen. Das Dessert einige Stunden durchziehen lassen.

Tipp

Wenn Kinder mitessen, den Rum durch Orangensaft ersetzen.

Pfirsich Melba

Foto – 6 Portionen
Zubereitungszeit: 20 Min., ohne Auftauzeit

Pro Portion:
E: 4 g, F: 4 g, Kh: 31 g, kJ: 828, kcal: 198

Für die Sauce:

- **300 g TK-Himbeeren**
- **3 EL gesiebter Puderzucker**
- **1 TL Zitronensaft**
- **1 EL Orangenlikör**

- **6 Pfirsiche**
- **6 TL Zitronensaft**
- **500 ml Vanille-Eiscreme**

1 Für die Sauce Himbeeren etwas antauen lassen. Sie dann mit Puderzucker, Zitronensaft und Orangenlikör pürieren und kalt stellen.

2 Die Pfirsiche mit kochendem Wasser übergießen und die Haut abziehen. Die Pfirsiche halbieren, entsteinen und mit Zitronensaft bestreichen.

3 Vanille-Eiscreme mit einem Eis-Portionierer in Kugeln teilen und auf sechs Schalen verteilen. Die Pfirsichhälften darauf geben und mit der Himbeersauce begießen.

Flockenspeise

4 Portionen
Zubereitungszeit: 20 Min.

Pro Portion:
E: 14 g, F: 41 g, Kh: 50 g, kJ: 2727, kcal: 652

- **40 g Butter**
- **125 g kernige Haferflocken**
- **50 g gemahlene Haselnusskerne**
- **25 g Rohrzucker**
- **1 Glas Stachelbeeren (Abtropfgewicht 370 g)**
- **250 g Speisequark**
- **evtl. etwas Zucker**
- **200 ml Schlagsahne**

1 Butter in einer Pfanne zerlassen. Haferflocken und Haselnusskerne darin unter Rühren etwas anbräunen. Rohrzucker unterrühren und die Masse erkalten lassen.

2 Stachelbeeren auf einem Sieb abtropfen lassen, dabei den Saft auffangen. Quark mit so viel von dem Stachelbeersaft verrühren, dass er schön cremig ist. Nach Belieben etwas Zucker unterrühren. Sahne steif schlagen.

3 Haferflocken-Haselnuss-Masse, Stachelbeeren, Quarkmasse und Sahne in jeweils 3 Portionen teilen. Die Zutaten portionsweise in eine hohe Glasschüssel schichten. Mit der Haferflocken-Haselnuss-Masse beginnen, mit etwas Stachelbeersaft beträufeln, dann nacheinander Stachelbeeren, Quark und Sahne einschichten.

4 Den Vorgang wiederholen, bis die Zutaten aufgebraucht sind.

Tipp

Die Flockenspeise nach Belieben vor dem Servieren mit Raspelschokolade bestreuen.

Zebracreme

Foto – 4 Portionen
Zubereitungszeit: 10 Min.

Pro Portion:
E: 8 g, F: 26 g, Kh: 29 g,
kJ: 1637, kcal: 391

- **1 Pck. Galetta Vanille-Geschmack (Vanille-Cremepulver ohne Kochen)**
- **500 ml (1/2 l) Milch**
- **250 ml (1/4 l) Schlagsahne**
- **150 g Naturjoghurt**
- **1 EL (15 g) Kakaopulver**

1 Galetta mit Milch und Sahne in eine Rührschüssel geben und mit Handrührgerät mit Rührbesen 1 Minute aufschlagen. Joghurt unterrühren. Die Hälfte der Masse in eine zweite Schüssel geben und den Kakao unterrühren.

2 Zunächst 2 Teelöffel des hellen Puddings in die Mitte eines von 4 Portionsschälchen geben und etwas flach drücken. Darauf (nicht daneben!) abwechselnd je 1–2 Teelöffel von dem dunklen und dem hellen Pudding geben und etwas flach drücken. Die Masse nicht glatt streichen. Die übrigen Schälchen auf dieselbe Weise befüllen.

Tipp
Einfacher gehts, wenn Sie den hellen und dunklen Pudding abwechselnd in Portionsgläser schichten. Sie können die Creme auch in eine grosse Glasschüssel füllen, dann anstelle von Teelöffeln Esslöffel verwenden und den Vorgang wiederholen, bis der Pudding aufgebraucht ist.

Marmorierte Erdbeercreme

4 Portionen
Zubereitungszeit: 15 Min.

Pro Portion:
E: 3 g, F: 13 g, Kh: 27 g,
kJ: 1027, kcal: 246

- **150 ml Milch**
- **150 ml Schlagsahne**
- **1 Pck. Paradiescreme Erdbeer-Geschmack (Cremepulver ohne Kochen)**
- **300 g Erdbeeren**
- **1 EL gesiebter Puderzucker**
- **1 EL Zitronensaft**

1 Milch und Sahne in einen hohen, schmalen Rührbecher geben. Das Cremepulver hinzufügen und mit Handrührgerät mit Rührbesen auf niedrigster Stufe kurz verrühren. Das Ganze dann auf höchster Stufe etwa 3 Minuten cremig schlagen. Die Paradiescreme in Dessertgläser oder eine Glasschale füllen.

2 Erdbeeren waschen, abtropfen lassen, entstielen, putzen und in kleine Stücke schneiden. Die Erdbeeren mit Puderzucker pürieren und mit dem Zitronensaft verrühren.

3 Das Erdbeermus ganz locker unter die Paradiescreme heben, so dass es als Streifen sichtbar bleibt. Bis zum Verzehr in den Kühlschrank stellen.

Vanillecreme mit gemischten Beeren

Foto – 4 Portionen
Zubereitungszeit: 15 Min.

Pro Portion:
E: 3 g, F: 3 g, Kh: 29 g,
kJ: 676, kcal: 161

- **300 g gemischte Beeren, z. B. Brombeeren, Himbeeren, Johannisbeeren**
- **1 Pck. Paradiescreme Vanille-Geschmack (Cremepulver ohne Kochen)**
- **300 ml Milch**

1 Die Beeren putzen, evtl. waschen und gut abtropfen lassen.

2 Paradiescreme mit der Milch nach Packungsaufschrift zubereiten.

3 Die Creme abwechselnd mit den Beeren (einige Beeren zum Garnieren zurücklassen) in 4 hohe Portionsschälchen schichten und mit den zurückgelassenen Beeren garnieren.

Abwandlung:
Paradiescreme Schokoladen-Geschmack mit 300 ml Milch nach Packungsaufschrift zubereiten. In 4 Schälchen je eine Birnenhälfte (aus der Dose) geben, die Creme darauf verteilen und einige Zeit kühl stellen. Mit je einer Kugel Vanilleeis oder etwas geschlagener Sahne servieren.

Obstsalat

6 Portionen
Zubereitungszeit: 25 Min.

Pro Portion:
E: 2 g, F: 3 g, Kh: 21 g,
kJ: 532, kcal: 127

- **1 mittelgroßer Apfel**
- **1 kleine Mango**
- **1 Nektarine**
- **1 mittelgroße Orange**
- **1 Kiwi**
- **100 g Erdbeeren**
- **3 EL Zitronensaft**
- **3 EL Orangensaft oder Orangenlikör**
- **30 g Zucker**
- **30 g abgezogene, gehackte Mandeln**

1 Apfel schälen, vierteln und entkernen. Mango schälen, halbieren und das Fruchtfleisch vom Stein lösen. Nektarine waschen, abtrocknen, halbieren und entsteinen.

2 Orange schälen und in Spalten teilen. Kiwi schälen. Das vorbereitete Obst in kleine Stücke schneiden. Erdbeeren waschen, gut abtropfen lassen, entstielen und in Stücke schneiden.

3 Das Obst mit Zitronensaft, Orangensaft oder Orangenlikör und Zucker vermengen und in eine Glasschale füllen.

4 Die Mandeln in einer Pfanne ohne Fett rösten und den Obstsalat damit bestreuen.

Schokoladen-Tiramisu

Foto – 6 Portionen
Zubereitungszeit: 25 Min., ohne Durchziehzeit

Pro Portion:
E: 12 g, F: 48 g, Kh: 45 g, kJ: 2849, kcal: 681

- **200 g Zartbitterschokolade**
- **250 ml (1/4 l) Schlagsahne**
- **1 kleine Dose Aprikosen (Abtropfgewicht 240 g)**
- **100–125 g Löffelbiskuits**
- **250 g Mascarpone**
- **250 g Speisequark**
- **150 g Joghurt**
- **1 Pck. Vanillin-Zucker**
- **30 g Zucker**

1 Schokolade in Stücke brechen, mit der Sahne in einen kleinen Topf geben, unter Rühren erhitzen, bis die Schokolade aufgelöst ist und abkühlen lassen.

2 Aprikosen auf einem Sieb abtropfen lassen, dabei den Saft auffangen. Löffelbiskuits in eine flache Form geben und mit etwas Aprikosensaft beträufeln.

3 Mascarpone, Quark, Joghurt, Vanillin-Zucker und Zucker mit der Schokosahne verrühren und auf den Löffelbiskuits verteilen. Aprikosen evtl. halbieren und darauf verteilen. Das Tiramisu einige Zeit durchziehen lassen.

Tipp

Nach Belieben die Aprikosen in Spalten schneiden und einen Teil davon mit einschichten.

Milchreis

4 Portionen
Zubereitungszeit: 50 Min.

Pro Portion:
E: 9 g, F: 10 g, Kh: 30 g, kJ: 1048, kcal: 249

- **1 l Milch**
- **20 g Zucker**
- **1 Prise Salz**
- **1 Streifen Zitronenschale (unbehandelt)**
- **175 g Milchreis (Rundkorn)**
- **evtl. Zimt-Zucker-Mischung**

1 Die Milch mit Zucker, Salz und Zitronenschale in einem Topf zum Kochen bringen. Milchreis hineingeben, zum Kochen bringen und mit halb geöffnetem Deckel bei schwacher Hitze in etwa 40 Minuten ausquellen lassen.

2 Die Zitronenschale entfernen, den Milchreis nach Belieben mit einer Zimt-Zucker-Mischung bestreuen und heiß oder kalt servieren.

Tipp

Der Milchreis schmeckt auch lecker mit gemischten Früchten oder einer pürierten Fruchtsauce.

Rote Grütze mit Sahnejoghurt

6 Portionen
Zubereitungszeit: 40 Min.

Pro Portion:
E: 5 g, F: 13 g, Kh: 47 g, kJ: 1472, kcal: 352

Für die rote Grütze:
- **250 g Brombeeren**
- **250 g Johannisbeeren**
- **500 g Himbeeren**
- **250 g Erdbeeren (alle Früchte vorbereitet gewogen)**
- **35 g Speisestärke**
- **500 ml (1/2 l) Beerensaft**
- **100 g Zucker**

Für den Sahnejoghurt:
- **200 ml Schlagsahne**
- **1 EL Zucker**
- **250 g Naturjoghurt**
- **2 EL Schokostreusel**

1 Für die rote Grütze die Beeren putzen, evtl. waschen und gut abtropfen lassen. Speisestärke mit 4 Esslöffeln von dem Beerensaft anrühren.

2 Den restlichen Saft mit Zucker zum Kochen bringen, mit der Speisestärke binden, einmal aufkochen lassen und von der Kochstelle nehmen. Die Früchte unterrühren. Die Grütze in eine Glasschale oder in Dessertschälchen füllen und kalt stellen.

3 Für den Sahnejoghurt Sahne mit Zucker halbsteif schlagen und unter den Joghurt rühren. Den Sahnejoghurt zu der roten Grütze reichen.

4 Mit Schokostreuseln bestreut servieren.

Tipp
Anstelle des Sahnejoghurts angeschlagene, leicht gesüsste Sahne oder Vanilleeis zu der roten Grütze servieren.

Abwandlung:
Für eine **grüne Grütze** 500 g Stachelbeeren (aus dem Glas) abtropfen lassen, dabei den Saft auffangen. 250 g Kiwis schälen und in Stücke schneiden. 250 g helle Weintrauben waschen, halbieren, entkernen und evtl. vierteln. Den Stachelbeersaft mit hellem Traubensaft auf 500 ml (1/2 l) auffüllen. 20 g Speisestärke mit 4 Esslöffeln von dem Saft anrühren. Den restlichen Saft mit 150 g Zucker zum Kochen bringen, mit der Speisestärke binden und aufkochen lassen. Die Früchte unterrühren.

Quarkspeise "Birne Helene"

Foto – 4 Portionen
Zubereitungszeit: 15 Min.

Pro Portion:
E: 10 g, F: 10 g, Kh: 29 g,
kJ: 1071, kcal: 256

- **1 kleine Dose Birnenhälften (Abtropfgewicht 240 g)**
- **250 g Speisequark**
- **150 g Joghurt**
- **50 g Zucker**
- **etwa 125 ml (1/8 l) Milch, Schlagsahne oder Birnensaft**
- **4 EL Schokoladensauce (fertig gekauft)**

1 Birnen auf einem Sieb abtropfen lassen, dabei den Saft auffangen. Quark, Joghurt, Zucker und Milch, Sahne oder Birnensaft gut verrühren.

2 Die Quarkspeise auf 4 Teller verteilen und die Birnen in die Mitte darauf geben. Mit der Schokoladensauce beträufeln.

Tipp

Wer keine gekaufte Schokoladensauce verwenden möchte, kann auch selbst eine zubereiten. Dazu 100 g Zartbitterschokolade grob zerkleinern und mit 125 ml (1/8 l) Schlagsahne unter Rühren erhitzen, bis die Schokolade aufgelöst ist. Die Sauce etwas abkühlen lassen.

Pina Schokolada

4 Portionen
Zubereitungszeit: 25 Min., ohne Kühlzeit

Pro Portion:
E: 9 g, F: 39 g, Kh: 52 g,
kJ: 2552, kcal: 609

- **1 Dose Ananasstücke (Abtropfgewicht 255 g)**
- **1 Pck. Pudding-Pulver Schokoladen-Geschmack**
- **40 g Zucker**
- **350 ml Milch**
- **100 ml Schlagsahne**

Für die Kokossauce:

- **1 schwach geh. TL Speisestärke**
- **150 ml Milch**
- **150 ml Schlagsahne**
- **100 g weiße Kuvertüre**
- **40 g Kokosraspel**

1 Ananas auf einem Sieb gut abtropfen lassen und sehr fein schneiden (einige Stücke zum Garnieren zurücklassen).

2 Aus Pudding-Pulver, Zucker, Milch und Sahne nach Packungsanleitung – aber mit den hier angegebenen Zutaten – einen Pudding zubereiten. Die Ananasstücke unterheben, alles in eine kalt ausgespülte Sturzform füllen und mindestens 4 Stunden kalt stellen.

3 Für die Kokossauce Speisestärke mit 3 Esslöffeln Milch glatt rühren. Restliche Milch mit Sahne zum Kochen bringen, Speisestärke einrühren und aufkochen lassen. Die grob zerkleinerte Kuvertüre darin schmelzen lassen. Kokosraspel unterrühren und die Sauce erkalten lassen.

4 Den Pudding stürzen, mit Ananasstücken garnieren und mit der Kokossauce servieren.

Pfirsiche mit Schokopudding

Foto – 4 Portionen
Zubereitungszeit: 40 Min.

Pro Portion:
E: 5 g, F: 15 g, Kh: 44 g, kJ: 1412, kcal: 337

- **1 Pck. Pudding-Pulver Schokoladen-Geschmack**
- **2 EL Zucker**
- **400 ml Milch**
- **8 Pfirsichhälften (aus der Dose)**
- **1 Becher (150 g) Crème fraîche**

1 Aus Pudding-Pulver, Zucker und Milch nach Packungsaufschrift – aber mit der hier angegebenen Milchmenge – einen Pudding kochen. Pudding erkalten lassen, dabei ab und zu umrühren oder die Oberfläche mit Klarsichtfolie zudecken, damit sich keine Haut bildet.

2 Pfirsichhälften auf einem Sieb abtropfen lassen und mit der Wölbung nach unten auf einen großen Teller oder eine Platte legen.

3 Von der Crème fraîche 8 Teelöffel abnehmen, die restliche Crème fraîche unter den Pudding rühren und die Pfirsichhälften damit füllen.

4 Je 1 Teelöffel der zurückgelassenen Crème fraîche in die Mitte des Puddings geben und mit einem Holzstäbchen durchziehen, damit ein Muster entsteht.

Tipp
Falls die Pfirsichhälften nicht gerade auf der Platte liegen bleiben, einen kleinen „Sockel“ abschneiden.

Melonen-Trauben-Grütze

4 Portionen
Zubereitungszeit: 30 Min., ohne Kühlzeit

Pro Portion:
E: 2 g, F: 0 g, Kh: 26 g, kJ: 504, kcal: 121

- **6 Blatt weiße Gelatine**
- **250 g Honigmelonen-Fruchtfleisch**
- **200 g grüne, kernlose Weintrauben**
- **50 g Zucker**
- **100 ml Apfelsaft oder Weißwein**
- **1 EL gehackte Minzeblätter**

1 Gelatine nach Packungsaufschrift einweichen. Honigmelone schälen und die Kerne entfernen. Weintrauben waschen und abtrocknen.

2 Jeweils 50 g Weintrauben und Melonen-Fruchtfleisch pürieren, restliche Weintrauben und restliches Melonen-Fruchtfleisch in kleine Stücke schneiden. Das Fruchtpüree mit Zucker, Saft oder Wein und Minzeblättern verrühren.

3 Gelatine ausdrücken, auflösen, mit etwas von der Masse verrühren, dann mit der gesamten Masse verrühren und kalt stellen.

4 Wenn die Masse anfängt dicklich zu werden, Fruchtstücke unterheben und alles in eine Schale füllen oder in Portionsschälchen verteilen.

Kapitelregister

Alles aus einem Topf

Fleisch- & Fischspezialitäten

Fix fertig

Aus dem Ofen

Kapitelregister

Frisch aufgespiesst

Aus der Salatschüssel

Der süsse Abschluss

Alphabetisches Register

A/B/C

E

F

G

H/I

K/L

M

Alphabetisches Register

N

O/P

Q

R

S

T/U

V/W

Z

Umwelthinweis

Dieses Buch und der Einband wurden auf chlorfrei gebleichtem Papier gedruckt. Die Einschrumpffolie – zum Schutz vor Verschmutzung – ist aus umweltfreundlichem und recyclingfähigem PE-Material.

Wenn Sie Rezeptanregungen, Vorschläge oder Fragen zu unseren Büchern haben, rufen Sie uns an (05 21/52 06 45) oder schreiben Sie uns:
Ceres Verlag, Am Bach 11, 33602 Bielefeld.

Wir danken für die freundliche Unterstützung

Maggi Kochstudio, Frankfurt am Main
Ketchum Public Relations, München
allen Verbraucherinnen, die uns Rezepte zur Verfügung gestellt haben

Redaktion

Eva-Maria Dammeier

Titelfotos

Ulli Hartmann, Bielefeld
Thomas Diercks, Hamburg

Innenfotos

Ulli Hartmann, Bielefeld
Thomas Diercks, Hamburg
Norbert Toelle, Bielefeld
Brigitte Wegner, Bielefeld
Hans-Joachim Schmidt, Hamburg

Rezeptentwicklung und -beratung

Mechthild Plogmaker, Bielefeld

Grafisches Konzept

Björn Carstensen, Hamburg

Gestaltung

MDH Haselhorst, Bielefeld

Titelgestaltung

Kontur Design GmbH, Bielefeld

Reproduktionen

MOHN Media Mohndruck GmbH, Gütersloh

Satz

ADRUPA, Paderborn

Druck und Bindung

MOHN Media Mohndruck GmbH, Gütersloh

ISBN 3–7670–0458–5